스/프/링/북

하루
한장

초등 필수
사자성어
200

탄탄
국어

형설지공				의기양양			
螢	雪	之	功	意	氣	揚	揚
博학다식							청렴결백
博	學	多	識	淸	廉	潔	白
권선징악				속전속결			
勸	善	懲	惡	速	戰	速	決

교과 연계 사자성어와 함께 어휘력 탄탄! 문해력 탄탄! 자신감 쑥쑥!

키즈프렌즈

하루 한 장 초등 필수 사자성어 200

초판 1쇄 발행 2025년 1월 10일
초판 2쇄 발행 2025년 1월 31일

저자 베이직콘텐츠랩
그림 신소영
펴낸이 고정호
펴낸곳 베이직북스
주소 서울시 금천구 가산디지털1로 16, SK V1 AP타워 1221호
전화 02) 2678-0455
팩스 02) 2678-0454
이메일 basicbooks1@hanmail.net
홈페이지 www.basicbooks.co.kr
블로그 blog.naver.com/basicbooks_
인스타그램 www.instagram.com/basicbooks_official
출판등록 제 2021-000087호
ISBN 979-11-6340-089-9 73700

사자성어, 왜 배워야 할까요?

사자성어는 네 글자의 한자로 이루어진 말로, 짧지만 그 안에 깊은 뜻과 교훈이 담겨 있어요. '일석이조'는 "한 번의 노력으로 두 가지 이익을 얻는다"는 뜻을 가진 표현으로 사자성어는 짧은 말 속에 많은 뜻을 담고 있어서 글이나 말을 더 재미있고 의미 있게 만들어 줘요.

사자성어를 배우면 좋은 점이 많아요! 첫째, 한자를 배우면서 어휘력이 쑥쑥 늘어요. 어휘력이 늘면 글을 읽거나 쓸 때 더 쉽게 이해하고 표현할 수 있죠. 둘째, 사자성어는 어려운 내용을 짧고 간단하게 말할 수 있는 힘이 있어요. 예를 들어 "지나친 건 부족한 것과 같다."라는 말을 '과유불급'이라는 사자성어로 표현할 수 있답니다. 셋째, 사자성어는 옛날 사람들의 지혜와 교훈이 담겨 있어 그들의 생각과 삶의 방식을 배울 수 있어요.

이 책은 하루에 한 개씩, 총 200개의 사자성어를 배울 수 있도록 만들어졌어요. 매일 한 개씩 공부하면서 사자성어의 뜻과 유래를 익히고, 관련된 옛날이야기도 함께 읽어보세요. 그러면 사자성어가 주는 지혜를 통해 더 넓은 시각으로 세상을 바라볼 수 있을 거예요.

사자성어를 꾸준히 학습하면 어휘력과 독해력이 좋아지고, 친구들과의 대화도 더 풍부해질 거예요. 이 책을 통해 사자성어의 재미와 가치를 느껴보세요!

이 책의 특징과 구성

이 책은 교과과정과 일상생활에서 자주 사용되는 200개의 사자성어를 수록하고 있어요. 하루에 한 개씩 사자성어의 뜻과 유래, 관련된 옛날이야기를 읽으면서 쉽고 재미있게 사자성어를 배울 수 있답니다.

하루에 한 개씩 사자성어를 꾸준히 공부하다 보면 어휘력과 독해력, 의사소통 능력이 향상될 거예요. 또한 사자성어에 담긴 지혜를 통해 세상을 더욱 다양하고 폭넓게 볼 수 있는 눈이 생길 거예요. 그야말로 '일석이조'가 아니겠어요?

구성

단계 1 오늘의 사자성어 한자 뜻, 속뜻, 배경과 지혜를 배워요.

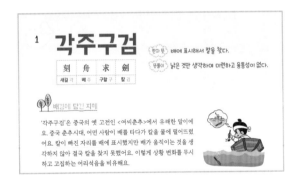

☑ 사자성어 한자 뜻과 뜻풀이(속뜻)
사자성어를 이루는 한자의 뜻과 그 속에 담긴 깊은 의미를 배워요.

☑ 배경과 교훈
사자성어가 어떻게 생겨났는지 관련 이야기와 그 속에 담긴 교훈을 알 수 있어요.

단계 2 따라쓰기와 예시 문장 찾기로 다시 기억해요.

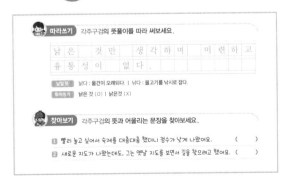

☑ 사자성어 뜻풀이 따라쓰기
사자성어의 속뜻을 한 번 더 읽고 따라 쓰다 보면 다시 한번 기억할 수 있어요.

☑ 사자성어 예시문 찾아보기
사자성어의 실제 의미를 정확하게 알 수 있어요.

☑ 초등학생 전용 사자성어 백과
어려운 단어와 한자어 등을 사용하지 않고 초등학생 눈높이에 맞춰 쉽게 설명합니다.

☑ 초등교과 연계 사자성어
교과 과정과 연계된 사자성어를 배워 문해력을 키우고 교과 수업에도 도움이 됩니다.

☑ 사자성어 최다 수록
가장 많이 사용되는 200개의 사자성어를 담아, 다양한 표현을 익힐 수 있어요.

☑ 사자성어를 우선순위로 구성
자주 사용되고 중요한 사자성어부터 차례로 배울 수 있어요.

☑ 찾아보기(사전식 인덱스) 제공
궁금한 사자성어를 쉽게 찾을 수 있도록 사전식 인덱스를 제공합니다.

☑ 사자성어와 연계된 삽화 포함
사자성어와 관련된 그림이 있어, 더 쉽고 재미있게 이해할 수 있어요.

단계 3 관련 표현으로 어휘력을 늘려요.

☑ 사자성어와 관련된 성어, 속담, 관용어
오늘의 사자성어와 관련된 표현들을 배워 어휘력을 늘려요.

단계 4 실전 테스트로 다시 한번 복습해요.

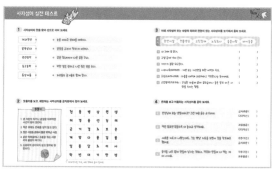

'알맞은 것끼리 선 잇기', '숨은 사자성어 찾기', '관련 사자성어 찾기', '예문에 맞는 사자성어 고르기' 등의 실전 문제를 풀면서 완성해요.

일러두기

사자성어 네 글자로 된 한자 표현으로, 짧은 말에 깊은 뜻이 담겨 있어요.

속담 옛날부터 전해 내려오는 말로, 생활의 지혜나 교훈을 담고 있어요.

관용어 사람들이 자주 쓰는 말로, 특별한 뜻을 가진 표현이에요.

차례

차례

문해력을 키워주는 사자성어

차례

어른도 부러워할 야무진 사자성어

꼭 알아야 할 필수

사자성어

1 각주구검

刻	舟	求	劍
새길 각	배 주	구할 구	칼 검

 한자 뜻 배에 표시해서 칼을 찾다.

 뜻풀이 낡은 것만 생각하며 미련하고 융통성이 없다.

 배경에 담긴 지혜

'각주구검'은 중국의 옛 고전인 <여씨춘추>에서 유래한 말이에요. 중국 춘추시대, 어떤 사람이 배를 타다가 칼을 물에 떨어뜨렸어요. 칼이 빠진 자리를 배에 표시했지만 배가 움직이는 것을 생각하지 않아 결국 칼을 찾지 못했어요. 이렇게 상황 변화를 무시하고 고집하는 어리석음을 비유해요.

따라쓰기 각주구검의 뜻풀이를 따라 써보세요.

낡	은		것	만		생	각	하	며		미	련	하	고
융	통	성	이		없	다	.							

낱말 뜻 낡다 : 물건이 오래되다. | 낚다 : 물고기를 낚시로 잡다.

띄어쓰기 낡은 것 (O) | 낡은것 (X)

찾아보기 각주구검의 뜻과 어울리는 문장을 찾아보세요.

1 빨리 놀고 싶어서 숙제를 대충대충 했더니 점수가 낮게 나왔어요. ( )

2 새로운 지도가 나왔는데도, 그는 옛날 지도를 보면서 길을 찾으려고 했어요. ( )

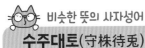 비슷한 뜻의 사자성어

수주대토(守株待兎) 나무 아래만 보며 토끼를 기다린다는 뜻으로 우연한 행운을 기다리는 어리석은 사람을 비유해요.

2 감언이설

甘	言	利	說
달 감	말씀 언	이로울 이	말씀 설

 한자 뜻 달콤한 말과 이로운 이야기.

 뜻풀이 듣기 좋은 말만 해서 남을 속이다.

 배경에 담긴 지혜

중국 당나라 때 '이임보'라는 사람이 있었어요. 그는 벼슬자리에 있었지만 지식이 뛰어나지 않았지요. 그런데 황제에게 듣기 좋은 말만 해서 황제의 마음을 쉽게 얻었다고 해요. 이후 듣기 좋은 말만 해서 남을 속이는 사람을 가리켜 이 사자성어를 썼어요.

 따라쓰기 감언이설의 뜻풀이를 따라 써보세요.

듣	기		좋	은		말	만		해	서		남	을	
속	이	다	.											

낱말 뜻 속이다 : 남을 거짓말로 넘어가게 하다. | 숙이다 : 앞이나 한쪽으로 기울게 하다.

찾아보기 감언이설의 뜻과 어울리는 문장을 찾아보세요.

1. 영식이는 회장 선거 때 친구들의 비위를 맞추기 위한 말만 했어요.   (   )

2. 현정이는 인터넷 쇼핑을 믿을 수 없다며 항상 시장에서 물건을 샀어요.   (   )

비슷한 뜻의 사자성어
교언영색(巧言令色) 예쁘게 꾸민 말과 웃는 얼굴이라는 뜻으로 다른 사람을 속이기 위해 진심이 아닌 좋은 말을 하고 친절한 척하는 것을 말해요.

15

③ 개과천선

 한자 뜻 잘못을 고쳐서 착하게 바뀌다.

뜻풀이 과거의 잘못을 반성하고 착한 사람이 되다.

改	過	遷	善
고칠 개	지날 과	옮길 천	착할 선

 배경에 담긴 지혜

옛날 중국에 '주처'라는 사람이 있었어요. 그는 처음에 나쁜 행동을 많이 했지만 자신의 잘못을 깨닫고 고치기로 결심했어요. 결국 그는 착한 사람이 되었어요. 이렇게 잘못을 고치고 착한 사람이 되는 것을 '개과천선'이라고 해요.

따라쓰기 개과천선의 뜻풀이를 따라 써보세요.

과	거	의		잘	못	을		반	성	하	고		착	한
사	람	이		되	다	.								

낱말 뜻 잘못하다 : 틀리거나 옳지 못한 일을 하다. | 못하다 : 어떤 일을 할 수 없다.

찾아보기 개과천선의 뜻과 어울리는 문장을 찾아보세요.

1 민철이는 착한 사람이 되겠다고 했지만 또 사람들을 속이고 다녔어요.   (   )

2 현준이는 잘못을 깨닫고 앞으로 더 올바른 사람이 되기로 다짐했어요.   (   )

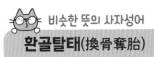 비슷한 뜻의 사자성어
환골탈태(換骨奪胎) 이전 것보다 나은 방향으로 바뀌어 딴사람처럼 된다는 뜻이에요.

16

4 견물생심

見	物	生	心
볼 견	물건 물	날 생	마음 심

 한자 뜻 물건을 보면 마음이 생기다.

 뜻풀이 물건을 보면 가지고 싶은 마음이 생기다.

 배경에 담긴 지혜

사람은 누구나 부러워하는 감정을 가지고 있어요. 그래서 다른 사람의 물건을 보면 나도 갖고 싶은 마음이 생기지요. 그 마음이 커져서 욕심으로 변할 때도 있어요. '견물생심'은 이처럼 사람의 부러워하는 감정을 잘 비유한 사자성어예요.

따라쓰기 견물생심의 뜻풀이를 따라 써보세요.

물	건	을		보	면		가	지	고		싶	은		마
음	이		생	기	다	.								

낱말 뜻 가지다 : 내 것으로 만들다. | 갇히다 : 어떤 장소에 넣어져 밖으로 나오지 못하다.

찾아보기 견물생심의 뜻과 어울리는 문장을 찾아보세요.

1 미진이의 최신 휴대폰을 보고, 나도 그 휴대폰이 사고 싶어졌어요.   (   )

2 희정이는 욕심을 버리고 가지고 있는 물건을 더 잘 쓰기로 했어요.   (   )

비슷한 뜻의 사자성어
사리사욕(私利私慾) 자기의 이익과 욕심이라는 뜻으로, 자신의 이익만을 챙기는 경우를 가리켜요.

5 결초보은

結	草	報	恩
맺을 결	풀 초	갚을 보	은혜 은

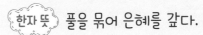 한자 뜻 풀을 묶어 은혜를 갚다.

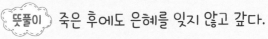 뜻풀이 죽은 후에도 은혜를 잊지 않고 갚다.

🌳 배경에 담긴 지혜

춘추전국시대 장군 '위과'는 아버지 유언을 어기고 새어머니를 순장*하지 않고 시집보냈어요. 전쟁 중 '위과'가 위험에 처하자 새어머니의 아버지 영혼이 풀을 묶어 적군을 넘어뜨려 '위과'가 승리할 수 있었어요. 이 이야기에서 '결초보은'이 유래됐어요.

*순장_ 남편이 죽으면 부인을 땅속에 함께 묻는 풍습.

따라쓰기 결초보은의 뜻풀이를 따라 써보세요.

죽	은		후	에	도		은	혜	를		잊	지		않
고		갚	다	.										

낱말 뜻 잊다 : 알던 것을 기억하지 못하다. | 잃다 : 물건이 없어져서 더 이상 갖지 못하게 되다.

띄어쓰기 죽은 후 (O) | 죽은후 (X)

찾아보기 결초보은의 뜻과 어울리는 문장을 찾아보세요.

1️⃣ 친구의 예쁜 머리핀을 보고, 저도 그 머리핀이 갖고 싶어졌어요.　　　　　(　)

2️⃣ 승민이는 할아버지의 도움을 잊지 않고 커서도 보답하려고 노력했어요.　　(　)

🐱 비슷한 뜻의 사자성어

각골난망(刻骨難忘) 남에게 받은 은혜가 뼈에 새길 만큼 커서, 크게 고마운 일을 잊지 않고 기억한다는 뜻이에요.

6 경거망동

 한자 뜻 말이 가볍고 정상에서 벗어나게 행동하다.

뜻풀이 신중하게 생각하지 않고 함부로 행동하다.

輕	擧	妄	動
가벼울 경	들 거	망령될 망	움직일 동

 배경에 담긴 지혜

'경거망동'은 중국의 고전인 <한비자>에서 나온 말로 조심하지 않고 가볍게 행동하는 것을 뜻해요. <한비자>에서는 왕과 신하들이 함부로 행동하지 않고 깊이 생각해야 한다고 가르치고 있어요. 그래서 '경거망동'은 어떤 일을 할 때 충분히 생각하고 차분하게 행동하라는 교훈을 주는 말이에요.

나는 검은 띠도 이길 수 있어!

따라쓰기 경거망동의 뜻풀이를 따라 써보세요.

신	중	하	게		생	각	하	지		않	고		함	부
로		행	동	하	다	.								

낱말 뜻 함부로 : 말과 행동이 생각 없이 가볍다.

찾아보기 경거망동의 뜻과 어울리는 문장을 찾아보세요.

1 전철 안에서 친구들과 시끄럽게 떠들며 돌아다니다가 크게 혼났어요. (　　)

2 이모의 결혼식을 보고 저도 멋진 곳에서 결혼하고 싶다고 생각했어요. (　　)

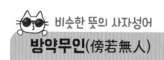 비슷한 뜻의 사자성어
방약무인(傍若無人) 주변에 사람이 없는 것처럼 함부로 말하고 행동한다는 뜻이에요.

고진감래

苦	盡	甘	來
쓸 고	다할 진	달 감	올 래

 한자 뜻 쓴 것이 다하면 단 것이 오다.

 뜻풀이 고생 끝에 행복이 오다.

 배경에 담긴 지혜

중국 원나라 때, 공부를 하고 싶어 하는 농부가 있었어요. 하지만 그는 매우 가난했지요. 그래서 붓과 종이 대신 숯과 나뭇잎으로 공부했고 결국 성공해서 학자가 되었다고 해요. 어려운 시기를 잘 이겨내면 결국 좋은 일이 온다는 의미로 사용됩니다.

 따라쓰기 고진감래의 뜻풀이를 따라 써보세요.

고	생		끝	에		행	복	이		오	다	.		

낱말 뜻
끝 : 마지막이 되는 부분.
끗 : 천의 길이를 재는 단위. '한 끗'은 천을 한 번 접은 만큼의 길이.

찾아보기 고진감래의 뜻과 어울리는 문장을 찾아보세요.

1 동생은 외우는 게 최고라며 모든 공부를 외워서 이해하려고 했어요. ( )

2 형은 매일 잠을 줄이며 열심히 공부해서 원하는 대학교에 들어갔어요. ( )

 비슷한 뜻의 속담
고생 끝에 낙이 온다. 고생한 끝에 행복해지거나 좋은 일이 생긴다는 뜻이에요.

8 과유불급

過	猶	不	及
지날 과	오히려 유	아닐 불	미칠 급

한자 뜻 지나친 것은 오히려 미치지 못함과 같다.

뜻풀이 정도가 지나치면 미치지 못한 것과 같다.

 배경에 담긴 지혜

옛날 중국 '공자'의 제자 '자공'이 '공자'에게, '자장'과 '자하' 중 누가 나은지 물었어요. 그러자 '공자'는 "'자장'은 지나치고 '자하'는 부족하다."라고 하며, "지나친 건 부족한 것과 같다."라고 말했어요. '과유불급'은 이러한 '공자'의 말에서 유래되었어요.

따라쓰기 과유불급의 뜻풀이를 따라 써보세요.

정	도	가		지	나	치	면		미	치	지		못	한
것	과		같	다	.									

낱말 뜻 지나치다 : 어떤 곳을 들르지 않거나 정도가 심하다.
지나가다 : 시간이 흐르거나 일이 끝나다.

찾아보기 과유불급의 뜻과 어울리는 문장을 찾아보세요.

1 글을 정성껏 쓴 덕분에 글쓰기 대회에서 상을 받을 수 있었어요.　　　　　(　　)

2 글을 길게 썼더니 오히려 내용을 이해하기가 힘들다고 비판받았어요.　　　　　(　　)

 비슷한 뜻의 속담

빈대 잡으려고 초가삼간 태운다. 작은 문제를 해결하려다 더 큰 손해를 볼 수 있다는 뜻으로 너무 지나치게 하다 오히려 나쁜 결과를 만든다는 의미예요.

9 괄목상대

 한자 뜻 : 눈을 비비고 상대를 대하다.

 뜻풀이 : 안 본 사이에 상대방의 실력이 늘다.

刮	目	相	對
비빌 괄	눈 목	서로 상	대할 대

 ## 배경에 담긴 지혜

옛날 중국에 '여몽'이라는 장수가 있었어요. 그가 무술만 연마하고 지식이 없는 것을 걱정하던 '손권'의 부탁에 따라 '여몽'은 공부를 했지. 평소 '여몽'을 무식하다고 생각했던 '노숙'은 안 본 사이에 똑똑해진 그의 모습을 보고 깜짝 놀랐다고 해요. 이에 이전과 달리 발전하여 새롭게 느껴지는 사람을 가리킬 때 '괄목상대'라는 말이 쓰이게 되었어요.

따라쓰기 괄목상대의 뜻풀이를 따라 써보세요.

안		본		사	이	에		상	대	방	의		실	력
이		늘	다	.										

낱말뜻
안- : 어떤 일이나 상태에 대해 아니라는 뜻.
못- : 어떤 동작이나 일을 할 수 없다는 뜻.

찾아보기 괄목상대의 뜻과 어울리는 문장을 찾아보세요.

1 재환이가 방학 동안 열심히 공부하더니 시험 때 반에서 1등을 했어요.　　（　　）

2 시험 전에 밤을 새우며 공부했는데 오히려 체력이 떨어져 시험을 망쳤어요.（　　）

🐱 비슷한 뜻의 사자성어
일취월장(日就月將)　　날마다 달마다 성장한다는 뜻으로, 실력이 빠르게 늘어나는 것을 말해요.

22

10 군계일학

 한자 뜻 여러 마리의 닭 중에 한 마리의 학.

 뜻풀이 많은 사람들 중에서 홀로 뛰어난 사람.

群	鷄	一	鶴
무리 군	닭 계	하나 일	학 학

 배경에 담긴 지혜

옛날 중국에 '혜강'이라는 유명한 사람이 있었는데, 그의 아들 '혜소'가 많은 사람들 앞에서 뛰어난 재능을 보여줬어요. 사람들이 '혜소'를 보고 "많은 닭들 중 한 마리 학처럼 뛰어나다."고 칭찬했어요. 그래서 '군계일학'이라는 말이 생겼답니다.

따라쓰기 군계일학의 뜻풀이를 따라 써보세요.

많	은		사	람	들		중	에	서		홀	로		뛰
어	난		사	람	.									

낱말 뜻 많다 : 수 또는 양이 정해진 기준을 넘다. ǀ 크다 : 높이, 넓이 등이 보통을 넘다.

찾아보기 군계일학의 뜻과 어울리는 문장을 찾아보세요.

1 장혁이가 매일 농구를 연습하더니 못 본 사이 실력이 많이 늘었어요.   (   )

2 우리 반이 농구를 못해서 혼자 농구를 잘하는 준혁이가 더 멋있어 보였어요.   (   )

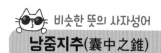 비슷한 뜻의 사자성어
낭중지추(囊中之錐)   주머니 속 송곳이라는 뜻으로, 재능이 뛰어난 사람은 저절로 알려짐을 말해요.

11 권선징악

勸	善	懲	惡
권할 권	착할 선	벌할 징	악할 악

 한자 뜻 착한 일은 권하고 나쁜 일은 벌을 주다.

 뜻풀이 착한 일은 권하고 나쁜 일은 벌을 주다.

 배경에 담긴 지혜

옛날 중국의 역사와 중요한 일들을 기록한 <춘추>라는 책의 내용 중 "징악이권선(懲惡而勸善)"이라는 말에서 유래한 것으로 악한 행동에는 마땅히 벌을 주어 바로잡고 착한 행동은 칭찬하고 격려 해야 한다는 뜻이에요.

따라쓰기 권선징악의 뜻풀이를 따라 써보세요.

착	한		일	은		권	하	고		나	쁜		일	은
벌	을		주	다	.									

낱말 뜻 권하다 : 어떤 일을 하게 하거나 재촉하다.

찾아보기 권선징악의 뜻과 어울리는 문장을 찾아보세요.

1 수많은 범죄를 저지른 그는 결국 경찰에게 붙잡혀 감옥에 갔습니다. ( )

2 서진우 선수는 외국인들 사이에서 당당하게 올림픽 금메달을 땄어요. ( )

 비슷한 뜻의 사자성어

인과응보(因果應報) 좋은 일을 하면 좋은 결과가 오고, 나쁜 일을 하면 나쁜 결과가 온다는 뜻이에요.

12 금시초문

今	時	初	聞
지금금	때시	처음초	들을문

 한자 뜻 지금 처음으로 듣다.

 뜻풀이 지금까지 들어본 적이 없다.

 배경에 담긴 지혜

우리는 주변에서 많은 이야기를 들어요. 가끔은 너무 갑작스럽게 이야기를 들어 깜짝 놀라는 경우도 있지요. '금시초문'은 지금까지 들어본 적이 없는 이야기를 갑작스럽게 들었을 때 사용하는 사자성어예요.

 따라쓰기   금시초문의 뜻풀이를 따라 써보세요.

지	금	까	지		들	어	본		적	이		없	다	.

낱말 뜻   '-(으)ㄴ 적이 있다 / 없다' : 경험을 말할 때 쓰는 말.
예) 부산에 간 적이 있어요. 회를 먹은 적이 없어요.

띄어쓰기   들어본 적이 (O) | 들어본적이 (X)

찾아보기   금시초문의 뜻과 어울리는 문장을 찾아보세요.

1 민지가 해외로 떠난다는 이야기를 이제서야 듣게 되었어요.   (   )

2 정숙이는 항상 거짓말만 하고 다니더니 결국 신뢰를 잃고 말았어요.   (   )

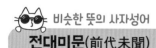 비슷한 뜻의 사자성어
전대미문(前代未聞)   이전에는 전혀 들어본 적이 없었다는 뜻이에요.

13 노심초사

勞	心	焦	思
일할 노	마음 심	탈 초	생각 사

 한자뜻 마음을 쓰며 속을 태우다.

 뜻풀이 마음을 쓰고 걱정을 많이 한다.

 배경에 담긴 지혜

옛날부터 사람들이 중요한 일을 앞두고 너무 걱정하거나 신경을 많이 쓰면 마음이 지친다고 했어요. 그래서 '노심초사'라는 말을 사용했답니다. 무언가를 너무 많이 걱정하고 신경 써서 마음이 힘든 상태를 표현하는 말이에요.

따라쓰기 노심초사의 뜻풀이를 따라 써보세요.

마	음	을		쓰	고		걱	정	을		많	이		한
다	.													

찾아보기 노심초사의 뜻과 어울리는 문장을 찾아보세요.

1️⃣ 희준이가 오늘 집에 늦게 온다는 이야기를 전혀 듣지 못했어요.　　　　　(　　　)

2️⃣ 미진이가 제시간에 집에 오지 않자 엄마는 걱정을 하기 시작했어요.　　　　(　　　)

 비슷한 뜻의 사자성어
초심고려(焦心苦慮)　　　마음을 태우며 괴로워하고 걱정한다는 뜻이에요.

14 다다익선

多	多	益	善
많을 다	많을 다	더할 익	좋을 선

 한자 뜻 많으면 많을수록 더욱 좋다.

 뜻풀이 많으면 많을수록 더욱 좋다.

 배경에 담긴 지혜

옛날 중국 한나라의 황제 '유방'이 장군 '한신'에게 군대는 얼마나 많아야 이길 수 있냐고 묻자 "많을수록 좋습니다."라고 대답했어요. 여기서 '다다익선'이 생겨났어요. 이 말은 좋은 것이 많으면 많을수록 더 좋다는 뜻이에요.

따라쓰기 다다익선의 뜻풀이를 따라 써보세요.

많	으	면		많	을	수	록		더	욱		좋	다	.

낱말 뜻 '-(으)ㄹ수록' : 앞 내용의 정도에 따라, 뒷 내용의 정도도 달라짐.
예) 공부를 하면 할수록 성적은 더 좋아질 거예요.

찾아보기 다다익선의 뜻과 어울리는 문장을 찾아보세요.

1 동생은 돈을 빌려준 후 다시 받지 못할까 봐 걱정하고 있어요. ( )

2 소영이는 돈은 많을수록 더 좋다고 생각해서 열심히 저금하고 있어요. ( )

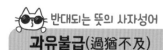 반대되는 뜻의 사자성어

과유불급(過猶不及) 지나친 것은 부족한 것과 같다는 뜻이에요.

15 대기만성

大	器	晚	成
클 대	그릇 기	늦을 만	이룰 성

 한자 뜻) 큰 그릇은 늦게 이루어진다.

 뜻풀이) 큰 사람이 되거나 큰일을 이루려면 시간이 많이 걸린다.

 배경에 담긴 지혜

옛날 중국 후한시대에 '최염'이라는 사람은 젊었을 때는 눈에 띄지 않았지만, 시간이 지나 큰일을 이루었어요. '최염'은 "큰 그릇을 만드는 데 시간이 걸리듯, 큰 사람도 시간이 걸려야 완성이 된다."라고 했답니다. 그래서 '대기만성'이라는 말이 생겼어요. 이는 큰 사람이 되려면 많은 노력과 시간이 필요하다는 뜻이에요.

따라쓰기 대기만성의 뜻풀이를 따라 써보세요.

큰		사	람	이		되	거	나		큰	일	을		이
루	려	면		시	간	이		많	이		걸	린	다	.

낱말 뜻 늦다 : 정해진 시간보다 지나거나 뒤지다.
느리다 : 어떤 일을 하는 데 걸리는 시간이 길다.

찾아보기 대기만성의 뜻과 어울리는 문장을 찾아보세요.

1 배우 박현민 씨는 연기 경험은 많이 쌓을수록 더 좋아진다고 말했어요. ( )

2 배우 유정훈 씨는 긴 시간 노력한 끝에 드디어 성공했어요. ( )

 비슷한 뜻의 사자성어
우공이산(愚公移山) '우공'이 산을 옮긴다는 뜻이지만 실제로는 힘든 일도 꾸준히 노력하면 해낼 수 있다는 의미예요.

28

16 동고동락

同	苦	同	樂
함께 동	쓸 고	함께 동	즐길 락

 한자 뜻 괴로움도 즐거움도 함께 한다.

 뜻풀이 같이 괴로워하고 같이 즐거워하다.

 배경에 담긴 지혜

옛날부터 사람들은 친구나 가족과 함께 어려운 일과 즐거운 일을 나누는 것이 중요하다고 생각했어요. 그래서 '동고동락'이라는 말이 생겼어요. 이 말은 함께라면 어떤 어려움도 이겨낼 수 있고 즐거움은 더 커진다는 것을 나타내요.

따라쓰기 동고동락의 뜻풀이를 따라 써보세요.

같	이		괴	로	워	하	고		같	이		즐	거	워
하	다	.												

낱말 뜻 즐겁다 : 마음이 편해서 흥이 나고 기쁘다.
신나다 : 어떤 일에 열정이 생겨 기분이 아주 좋다.

띄어쓰기 괴로워하고, 즐거워하고 (O) | 괴로워 하고, 즐거워 하고 (X)

찾아보기 동고동락의 뜻과 어울리는 문장을 찾아보세요.

1️⃣ 우리 팀은 힘든 훈련도, 승리의 기쁨도 함께 하며 서로를 응원해요. (　　)

2️⃣ 아빠는 옛날에 실패했었지만 꾸준히 노력해서 성공할 수 있었다고 해요. (　　)

 비슷한 뜻의 사자성어
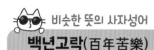 **백년고락(百年苦樂)** 100년과 같은 긴 세월 동안 괴로움과 즐거움을 같이 한다는 뜻이에요.

17 동문서답

東	問	西	答
동녘 동	물을 문	서녘 서	대답 답

한자 뜻 동쪽을 물으니 서쪽을 대답한다.

뜻풀이 질문에 엉뚱한 대답을 한다.

배경에 담긴 지혜

두 사람이 이야기할 때 대화가 잘 안 되는 이유는 여러 가지가 있어요. 그 중에 질문을 했는데 상대방이 엉뚱한 대답을 하는 경우도 있지요. 이렇게 '동문서답'은 질문에 맞지 않는 엉뚱한 대답을 할 때 쓰는 말이에요.

너는 무슨 색을 좋아해?

나는 강아지 좋아해!

따라쓰기 동문서답의 뜻풀이를 따라 써보세요.

질	문	에		엉	뚱	한		대	답	을		한	다	.

낱말 뜻 엉뚱하다 : 많은 사람이 생각하는 것과 다르다.

찾아보기 동문서답의 뜻과 어울리는 문장을 찾아보세요.

1 엄마가 "숙제 다 했니?"라고 물었는데, 동생은 "날씨 참 좋아요."라고 대답했다.(   )

2 그 팀은 연습을 꾸준히 해서 그런지 시합에서 상대편을 쉽게 이겼어요.   (   )

비슷한 뜻의 속담
자다가 봉창 두드린다.
자다가 남의 집 창문을 두드려 놀라 깨게 한다는 뜻으로 갑자기 상황에 맞지 않는 엉뚱한 말이나 행동을 하는 것을 의미해요.

18 동병상련

同	病	相	憐
같을 동	병 병	서로 상	불쌍히 여길 련

 한자 뜻 같은 환자끼리 불쌍히 여기다.

 뜻풀이 같은 어려움이나 고통을 겪는 사람끼리 불쌍히 여기다.

 배경에 담긴 지혜

중국 춘추시대에 '오자서'는 초나라에서 쫓겨나 오나라로 도망가 성공했어요. 이후 같은 처지의 '백비'가 '오자서'에게 도움을 받았죠. 이렇게 어려움을 겪는 사람들이 서로를 이해하고 돕는 것을 '동병상련'이라고 해요.

따라쓰기 동병상련의 뜻풀이를 따라 써보세요.

같	은		어	려	움	이	나		고	통	을		겪	는
사	람	끼	리		불	쌍	히		여	기	다	.		

낱말 뜻 처하다 : 어떤 상황에 놓이거나 벌을 받게 되다.
당하다 : 피해를 입거나 놀림을 받다.

띄어쓰기 사람끼리 (O) | 사람 끼리 (X)

찾아보기 동병상련의 뜻과 어울리는 문장을 찾아보세요.

1 정답을 잘못 표시해서 성적이 떨어진 지수와 은영이가 서로를 위로했어요. (　　)

2 수지에게 팔을 왜 다쳤는지 물었는데 병원에서 치료 받은 이야기만 했어요. (　　)

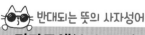 **반대되는 뜻의 사자성어**
각자도생(各自圖生) 각자 스스로 살아갈 방법을 찾아간다는 뜻이에요.

19 동상이몽

同	牀	異	夢
같을동	평상상	다를이	꿈몽

 한자 뜻 같은 침대에서 다른 꿈을 꾸다.

 뜻풀이 같은 상황에 있지만 서로 다른 생각을 한다.

 ## 배경에 담긴 지혜

사람마다 각자 자기만의 생각이 있어요. 그래서 그런지 다른 사람이 무슨 생각을 하는지 정확히 알기가 어려워요. 또한 같은 행동을 하면서도 서로 다른 생각을 할 때가 있어요. '동상이몽'은 이렇게 두 사람이 같은 행동을 하지만 속으로는 다른 생각을 하는 경우를 나타내는 말이에요.

 따라쓰기 동상이몽의 뜻풀이를 따라 써보세요.

같	은		상	황	에		있	지	만		서	로		다
른		생	각	을		한	다	.						

찾아보기 동상이몽의 뜻과 어울리는 문장을 찾아보세요.

1 민지는 자신도 힘들었던 때를 떠올리며 불쌍한 사람들을 도와줬어요. ( )

2 민수와 철수는 함께 그림을 그리지만, 두 사람이 그림을 그리는 목적은 달랐어요. ( )

반대되는 뜻의 사자성어
일심동체(一心同體) 한 마음 같은 몸이라는 뜻으로 서로가 하나처럼 됨을 비유해요.

20 마이동풍

馬	耳	東	風
말 마	귀 이	동녘 동	바람 풍

 한자 뜻 말의 귀에 동쪽 바람이 붙다.

 뜻풀이 다른 사람의 말을 잘 듣지 않고 무시해 버린다.

 배경에 담긴 지혜

중국 당나라 시인 '이백'은 친구에게 시를 받고, 그에 대한 대답으로 똑같이 시를 써서 보내요. 그 시는 아무리 좋은 시를 써도 세상 사람들은 관심을 가지지 않는다는 내용이었지요. 이때 '마이동풍'이라는 표현을 썼으며 이것이 유래되어 지금까지 전해지고 있어요.

따라쓰기 마이동풍의 뜻풀이를 따라 써보세요.

다	른		사	람	의		말	을		잘		듣	지
않	고		무	시	해		버	린	다	.			

찾아보기 마이동풍의 뜻과 어울리는 문장을 찾아보세요.

1️⃣ 현진이와 영철이는 같이 공부하면서도 속으로는 각자 딴 생각을 했어요. (   )

2️⃣ 광수에게 잘못된 점을 계속해서 설명했지만 그는 반성조차 하지 않았어요. (   )

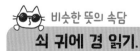 비슷한 뜻의 속담
쇠 귀에 경 읽기. 소의 귀에 글을 읽어준다는 뜻으로 아무리 가르쳐도 알아듣지 못함을 비유해요.

사자성어 실전 테스트

1 사자성어의 뜻을 찾아 선으로 이어 보세요.

개과천선 ●   ● 눈을 비비고 상대를 대하다.

괄목상대 ●   ● 잘못을 고쳐서 착하게 바뀌다.

권선징악 ●   ● 같은 침대에서 다른 꿈을 꾸다.

동고동락 ●   ● 착한 일은 권하고 나쁜 일은 벌을 주다.

동상이몽 ●   ● 괴로움도 즐거움도 함께 한다.

2 뜻풀이를 보고, 해당하는 사자성어를 글자판에서 찾아 보세요.

뜻풀이

1. 큰 사람이 되거나 큰일을 이루려면 시간이 많이 걸린다.
2. 죽은 후에도 은혜를 잊지 않고 갚다.
3. 많은 사람들 중에서 홀로 뛰어난 사람.
4. 같은 어려움이나 고통을 겪는 사람끼리 불쌍히 여기다.
5. 신중하게 생각하지 않고 함부로 행동하다.

천	동	병	상	련	생
려	경	풍	선	징	래
군	거	결	초	보	은
계	망	다	몽	검	불
일	동	답	초	이	사
학	선	대	기	만	성

🎵 사자성어는 가로, 세로 형태로 숨어 있어요.

3 아래 사자성어 또는 속담의 의미와 관련이 있는 사자성어를 보기에서 골라 보세요.

보기
감언이설 견물생심 고진감래 노심초사 동문서답 마이동풍

1 쇠 귀에 경 읽기.   (   )

2 고생 끝에 낙이 온다.   (   )

3 자다가 봉창 두드린다.   (   )

4 사리사욕(私利私慾) : 개인 또는 자신만을 위한 이익과 욕심.   (   )

5 초심고려(焦心苦慮) : 마음을 태우며 괴로워하고 걱정한다는 뜻이에요.   (   )

6 교언영색(巧言令色) : 진실한 마음이 없이 겉모습이나 좋은 말로 다른   (   )
　　사람을 속이는 행동.

4 문제를 보고 어울리는 사자성어를 골라 보세요.

1 선생님이 오늘 생일이라고? 그건 처음 듣는 소식이야.

　금시초문 (   )
　다다익선 (   )

2 책은 많으면 많을수록 더 좋다고 생각해요.

　과유불급 (   )
　다다익선 (   )

3 새로운 지도가 나왔는데도, 그는 옛날 지도를 보면서 길을 찾으려고
했어요.

　각주구검 (   )
　금시초문 (   )

4 음식을 너무 많이 만들어 남기는 것보다, 적당히 만들어 다 먹는 게
더 나아요.

　각주구검 (   )
　과유불급 (   )

35

21 # 막상막하

莫	上	莫	下
없을 막	위 상	없을 막	아래 하

 한자 뜻 위도 없고 아래도 없다.

 뜻풀이 실력이 비슷하여 잘하고 못함을 정하기가 힘들다.

 ## 배경에 담긴 지혜

우리는 가끔 실력이 비슷한 사람들을 만나요. 그리고 이러한 사람들과 경쟁을 하며 누가 실력이 더 뛰어난지 확인하기도 하지요. 이때 실력이 너무 비슷해 잘하고 못함을 정하기가 힘든 경우를 '막상막하'라는 사자성어를 써서 표현하기도 해요.

따라쓰기 막상막하의 뜻풀이를 따라 써보세요.

실	력	이		비	슷	하	여		잘	하	고		못	함
을		정	하	기	가		힘	들	다	.				

낱말 뜻 잘하다 : 옳고 바르며, 좋고 훌륭하다. | 자라다 : 점점 커지며 성장한다.

찾아보기 막상막하의 뜻과 어울리는 문장을 찾아보세요.

1 철민이와 형우가 팔씨름을 했는데 좀처럼 승부가 나지 않았어요. ( )

2 운동 좀 하라고 그렇게 이야기했는데 여전히 집에서 놀기만 하네요. ( )

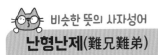 비슷한 뜻의 사자성어
난형난제(難兄難弟) 누가 형이고 동생인지 정하기 어렵다는 뜻으로 둘의 실력이 비슷함을 가리켜요.

22 무용지물

 한자 뜻 쓸 곳이 없는 물건.

뜻풀이 아무 쓸모가 없는 물건이나 사람.

無	用	之	物
없을 무	쓸 용	갈 지	물건 물

 배경에 담긴 지혜

'무용지물'은 쓸모없어 보이는 물건이나 사람을 말해요. 예를 들어 고장 난 시계처럼요. 하지만 겉으로는 쓸모없어 보여도 다르게 사용할 수 있는 방법이 있을 수 있어요. 그러니 모든 것을 쓸모없다고 생각하지 말고, 다른 방법으로 생각해 보는 게 중요해요.

따라쓰기 무용지물의 뜻풀이를 따라 써보세요.

아	무		쓸	모	가		없	는		물	건	이	나	
사	람	.												

낱말 뜻 쓰다 : ① 물건 등을 사용하다. ② 글씨를 적다. ③ 어떤 일에 관심을 기울이다.

찾아보기 무용지물의 뜻과 어울리는 문장을 찾아보세요.

1 두 휴대폰의 기능이 모두 좋아서 무엇을 골라야 할지 고민되었어요. ( )
2 남극처럼 일 년 내내 추운 지역에서는 선풍기가 필요 없어요. ( )

반대되는 뜻의 사자성어
무용지용(無用之用) 사용할 곳이 없을 것 같은 물건이 오히려 크게 쓰인다는 뜻이에요.

23 배은망덕

背	恩	忘	德
배반할 배	은혜 은	잊을 망	덕 덕

 한자 뜻 은혜를 배신하고 도와준 걸 잊다.

뜻풀이 은혜나 도움을 잊고 감사할 줄 모른다.

 배경에 담긴 지혜

우리는 보통 다른 사람의 도움을 받으면 감사한 마음을 갖기 마련이에요. 그런데 어떤 사람들은 자신이 힘들 때 입었던 은혜를 잊고 배신하는 경우도 있어요. 따라서 우리는 이런 배은망덕한 행동을 하지 않도록 주의해야 한답니다.

따라쓰기 배은망덕의 뜻풀이를 따라 써보세요.

은	혜	나		도	움	을		잊	고		감	사	할
줄		모	른	다	.								

낱말 뜻 은혜 : 누군가가 특별히 잘해주거나 큰 도움을 준 것.

찾아보기 배은망덕의 뜻과 어울리는 문장을 찾아보세요.

1 우현이가 휴대폰을 떨어뜨려서 그 휴대폰은 쓸 수 없게 되었어요. ( )

2 선생님은 민수를 믿고 용서했지만 민수는 또 친구와 싸우고 말았어요. ( )

 반대되는 뜻의 사자성어

결초보은(結草報恩) 풀을 묶어 은혜를 갚는다는 뜻으로 죽어서도 은혜를 갚는 것을 가리켜요.

24 사면초가

四	面	楚	歌
넷 사	방향 면	초나라 초	노래 가

 한자 뜻 네 방향에서 초나라 노래가 들린다.

 뜻풀이 아무에게도 도움을 받지 못하는 곤란한 상태.

 ## 배경에 담긴 지혜

중국의 초한 전쟁 때 초나라 장군 '항우'는 사방이 적에게 포위된 상황에서 초나라 노래를 듣고 자신의 군대가 항복했음을 깨달았고 결국 전쟁에서 패했답니다. '사면초가'는 이처럼 도움을 받을 수 없는 외로운 상태를 비유하는 표현으로 사용됩니다.

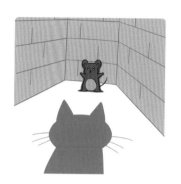

따라쓰기 사면초가의 뜻풀이를 따라 써보세요.

아	무	에	게	도		도	움	을		받	지		못	하
는		곤	란	한		상	태	.						

낱말 뜻 곤란하다 : 사정이 매우 어렵고 힘들다.

찾아보기 사면초가의 뜻과 어울리는 문장을 찾아보세요.

1 진혁이가 도와달라고 했을 때 아무도 그를 도와주지 않았어요. (   )

2 성우는 도움을 받던 시절을 잊었는지 성공하자마자 연락을 끊었어요. (   )

비슷한 뜻의 사자성어
진퇴양난(進退兩難), 진퇴유곡(進退維谷) 이러지도 저러지도 못하는 어려운 상황을 말해요.

39

25 사필귀정

事	必	歸	正
일 사	반드시 필	돌아갈 귀	바를 정

 한자 뜻 모든 일은 반드시 바르게 돌아간다.

 뜻풀이 잘못된 것 같아도 결국 올바르게 흘러간다.

 배경에 담긴 지혜

어떤 일이 잘못되어 보여도 시간이 지나면 사실이 밝혀지고 바르게 해결될 수 있어요. 그래서 어려운 상황에서도 정직하고 올바르게 행동하면 결국 모든 일은 올바르게 돌아간다는 믿음이 중요해요. '사필귀정'은 이런 교훈을 줍니다.

따라쓰기 사필귀정의 뜻풀이를 따라 써보세요.

잘	못	된		것		같	아	도		결	국		올	바
르	게		흘	러	간	다	.							

띄어쓰기 것 같아도 (O) | 것같아도 (X)

찾아보기 사필귀정의 뜻과 어울리는 문장을 찾아보세요.

1 꾀부리지 않고 열심히 공부한 영수는 결국 시험에서 1등을 했어요.   (   )

2 평소에도 장난이 심했던 장훈이를 도와주는 사람은 아무도 없었어요.   (   )

 비슷한 뜻의 속담

콩 심은 데 콩 나고 팥 심은 데 팥 난다.   어떤 일을 하느냐에 따라 그에 맞는 결과가 나온다는 뜻이에요.

40

26

살신성인

殺	身	成	仁
죽일 살	몸 신	이룰 성	어질 인

 한자 뜻 몸을 희생하여 인을 이루다.

 뜻풀이 자신의 목숨을 바쳐 옳은 것을 이루다.

 배경에 담긴 지혜

이 사자성어는 중국의 위인 '공자'의 가르침에서 유래했어요. 공자는 인(仁)*을 가장 소중한 것으로 여겼으며, "사람은 자신을 희생해서라도 인(仁)을 이뤄야 한다."고 가르쳤어요. 이는 자신을 희생함으로써 더 크고 옳은 일이나 모두에게 좋은 일을 이뤄야 한다는 뜻이에요.

*인(仁) : 사람을 소중히 여기고, 다른 사람을 사랑하고 도와주는 마음.

따라쓰기 살신성인의 뜻풀이를 따라 써보세요.

자	신	의		목	숨	을		바	쳐		옳	은		것
을		이	루	다	.									

낱말 뜻 바치다 : 정성을 다해 드리거나 내놓는 것.
받치다 : 무언가를 밑에서 떠받치는 것.

찾아보기 살신성인의 뜻과 어울리는 문장을 찾아보세요.

1. 주현이는 옷이 더러워지는데도 리어카를 끄는 할머니를 도왔어요. ( )

2. 미진이는 운동을 열심히 해서 원하는 만큼 몸무게를 뺄 수 있었어요. ( )

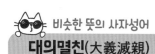 비슷한 뜻의 사자성어
대의멸친(大義滅親) 옳은 일을 하기 위해 가족이나 친한 사람의 잘못도 봐주지 않는다는 뜻이에요.

27 새옹지마

 한자 뜻 변방에 사는 노인의 말.

 뜻풀이 인생의 행복과 불행은 예상하기가 어렵다.

塞	翁	之	馬
변방 새	늙은이 옹	갈 지	말 마

 배경에 담긴 지혜

'새옹지마'는 중국의 옛이야기에서 나온 말이에요. 시골에 사는 한 노인의 말이 도망갔다가 더 좋은 말을 데리고 돌아왔어요. 처음에는 불행처럼 보였지만 오히려 행운이 됐죠. 그 말을 타던 아들이 다쳐서 다시 불행이 찾아왔지만 그 덕에 전쟁에 나가지 않아 목숨을 구할 수 있었어요. 이처럼 인생에서 일어나는 일은 언제나 변할 수 있으니 너무 기뻐하거나 슬퍼하지 말라는 의미예요.

따라쓰기 새옹지마의 뜻풀이를 따라 써보세요.

인	생	의		행	복	과		불	행	은		예	상	하
기	가		어	렵	다	.								

낱말 뜻 행복 : 기쁘고 즐거운 느낌. | 불행 : 슬프고 기운이 없는 느낌.

찾아보기 새옹지마의 뜻과 어울리는 문장을 찾아보세요.

1 명수는 감기에 걸렸지만 그 덕분에 숙제를 안 해도 됐어요. ( )

2 현지는 감기에 걸릴 수 있었는데도 감기에 걸린 친구를 열심히 도왔어요. ( )

 비슷한 뜻의 사자성어

전화위복(轉禍爲福) 처음에는 나쁜 일이 생긴 것 같지만, 그 일이 나중에 오히려 좋은 일이 되는 경우를 말해요.

28

선견지명

先	見	之	明
먼저 선	볼 견	갈 지	밝을 명

 한자 뜻 미리 앞을 보고 그것을 분명하게 밝히다.

 뜻풀이 미래를 예상하고 준비하는 능력.

 배경에 담긴 지혜

'선견지명'은 미래를 보고 준비하는 능력이에요. 중국 후한 시대 '조조'라는 사람은 남들보다 앞을 내다보는 능력이 뛰어나서 위험을 피하고 성공할 수 있었답니다. 날씨를 미리 알아보고 우산을 챙기면 비를 피할 수 있듯, 우리도 미리 준비하면 더 나은 결과를 얻을 수 있을 거예요.

나라가 태평한데 군사라니...

10만의 군사를 준비해두셔야 합니다.

 따라쓰기 선견지명의 뜻풀이를 따라 써보세요.

미	래	를		예	상	하	고		준	비	하	는		능
력	.													

낱말 뜻 능력 : 일을 할 수 있는 힘, 몸의 힘. | 실력 : 실제로 가지고 있는 힘이나 능력.

찾아보기 선견지명의 뜻과 어울리는 문장을 찾아보세요.

1 하늘을 보니까 곧 비가 올 것 같아서 우산을 챙기고 갔어요. ( )

2 비가 오는데도 우산은 없지만 다행히 친구가 우산을 씌워 줘서 좋았어요. ( )

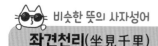 비슷한 뜻의 사자성어

좌견천리(坐見千里) 자리에 앉아 먼 곳을 본다는 뜻으로 보이지 않는 곳 또는 미래를 예상함을 말해요.

29 설상가상

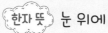

雪	上	加	霜
눈 설	위 상	더할 가	서리 상

한자 뜻 눈 위에 서리가 덮인다.

뜻풀이 불행한 일이 계속해서 일어나다.

 배경에 담긴 지혜

'설상가상'은 원래 불필요한 행동이나 참견을 뜻했어요. 눈 위에 서리를 더하는 것처럼 이미 충분한 것에 덧붙이는 것을 비유한 거죠. 하지만 지금은 나쁜 상황에 더 나쁜 일이 겹치는 것을 의미해요. 이 표현은 어려움 속에서도 더 큰 어려움을 겪는 상황을 설명할 때 주로 사용됩니다.

따라쓰기 설상가상의 뜻풀이를 따라 써보세요.

불	행	한		일	이		계	속	해	서		일	어	나
다	.													

낱말 뜻 일어나다 : ① 누웠다가 앉거나 앉았다가 서다. ② 어떤 일이 생기다.
③ 잠에서 깨어나다.

찾아보기 설상가상의 뜻과 어울리는 문장을 찾아보세요.

1 제가 발표할 것 같은 느낌이 들어서 미리 발표 연습을 했어요. ( )

2 학교 숙제가 많은 것도 힘든데 학원 숙제까지 늘어나고 말았어요. ( )

 비슷한 뜻의 속담
갈수록 태산.
갈수록 큰 산이 나타난다는 뜻으로, 어려운 일이 계속 일어나는 상황을 비유해요.

30 소탐대실

小	貪	大	失
작을 소	탐낼 탐	클 대	잃을 실

 한자 뜻 작은 것을 욕심내다가 큰 것을 잃는다.

 뜻풀이 작은 것에 욕심을 가지다가 큰 것을 잃다.

배경에 담긴 지혜

중국 진나라의 '혜왕'은 촉나라 왕의 욕심을 알고 옥으로 만든 소
(옥우)를 특별한 물건이라며 속여 선물했어요. '촉왕'은 옥우를 받
고자 길을 넓혀 진나라 군대가 쉽게 들어오도록 했어요. 결국 촉나
라는 작은 이익을 욕심내다가 나라가 망하고 말았어요. 이는 '소탐
대실'의 교훈을 잘 보여주는 이야기예요.

따라쓰기 소탐대실의 뜻풀이를 따라 써보세요.

작	은		것	에		욕	심	을		가	지	다	가
큰		것	을		잃	다	.						

낱말 뜻 작다 : 크기가 크지 않다. | 적다 : 수나 양이 많지 않다.

찾아보기 소탐대실의 뜻과 어울리는 문장을 찾아보세요.

1 현수는 게임에만 푹 빠져서 친구와의 우정을 잃고 말았어요.　　　　(　　　)

2 게임만 하느라 수학 숙제를 못 했는데 영어와 국어 숙제도 있었어요.　　(　　　)

비슷한 뜻의 사자성어

교각살우(矯角殺牛) 뿔을 바로잡으려다가 소를 죽인다는 뜻으로 사소한 잘못을 바로잡으려
다가 더 큰일을 망치는 것을 의미해요.

31 심사숙고

 한자 뜻 깊게, 신중하게 생각하다.

 뜻풀이 깊이 생각하고 충분히 살펴보다.

深	思	熟	考
깊을 심	생각 사	익을 숙	생각할 고

 배경에 담긴 지혜

'심사숙고'는 일을 깊이 생각하고 잘 살펴보는 것을 뜻해요. 중요한 결정을 할 때는 서두르기보다 여러 가지를 잘 생각해야 해요. 이렇게 하면 실수를 줄이고 더 나은 선택을 할 수 있어요. 생활 속에서 결정을 내려야 할 때, '심사숙고'를 기억해서 똑똑한 선택을 해보세요!

 따라쓰기 심사숙고의 뜻풀이를 따라 써보세요.

깊	이		생	각	하	고		충	분	히		살	펴	보
다	.													

낱말 뜻 깊다 : ① 위에서 바닥까지의 길이가 길다. ② 생각이 매우 조심스럽다.

찾아보기 심사숙고의 뜻과 어울리는 문장을 찾아보세요.

1. 이 일을 해도 되는지 한 번 더 생각해 보기로 했어요. ( )

2. 이 일을 하다가 더 중요한 일을 해야 한다는 걸 잊어버렸어요. ( )

 비슷한 뜻의 속담
돌다리도 두들겨 보고 건너라. 아무리 잘 아는 일이라도 신중하게 생각하고 확인하며 하라는 뜻이에요.

32 아전인수

我	田	引	水
나 아	밭 전	끌 인	물 수

 한자 뜻 자기 논에 물을 끌어들인다.

 뜻풀이 자신의 이익만 생각하고 행동하다.

 ## 배경에 담긴 지혜

'아전인수'는 자기 논에 물을 끌어온다는 뜻으로 자기에게만 이롭게 행동하거나 생각하는 것을 의미하는 표현이에요. 다른 사람의 이익을 고려하지 않고 자신의 이익만 추구하는 행동은 옛날이나 지금이나 공동생활에서는 하지 말아야할 태도지요.

따라쓰기 아전인수의 뜻풀이를 따라 써보세요.

자	신	의		이	익	만		생	각	하	고		행	동
하	다	.												

낱말 뜻   이익 : 물건이나 마음으로 도움이 되는 것. | 손해 : 물건이나 말, 행동으로 해를 입는 것.

찾아보기 아전인수의 뜻과 어울리는 문장을 찾아보세요.

1 공연 준비 전에 각자 해야 할 일을 한 번 더 확인해 보기로 했어요.　　　(　　　)

2 동생은 게임할 때 자기에게만 유리한 규칙을 만들어요.　　　(　　　)

반대되는 뜻의 사자성어
역지사지(易地思之)　　서로 입장을 바꿔 생각하고 이해한다는 뜻이에요.

33 안하무인

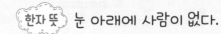
한자 뜻 눈 아래에 사람이 없다.

뜻풀이 다른 사람들을 무시하며 멋대로 행동하다.

眼	下	無	人
눈 안	아래 하	없을 무	사람 인

 **배경에 담긴 지혜**

명나라 작가 '능몽초'의 이야기에 아들을 늦게 얻은 부모가 아들을 너무 귀하게 키운 이야기가 있어요. 아들은 자기만 생각하며 자라 부모에게 잘못했어요. 이런 행동을 '안하무인'이라고 해요. 이 이야기는 다른 사람과 잘 지내려면 잘난 척하지 않고 서로를 배려해야 한다는 가르침을 줘요.

내가 최고야!!

따라쓰기 안하무인의 뜻풀이를 따라 써보세요.

다	른		사	람	들	을		무	시	하	며		멋	대
로		행	동	하	다	.								

낱말 뜻 무시하다 : 사람, 물건 등의 소중함을 알아주지 않다. ㅣ 차별하다 : 차이를 두고 구별하다.

띄어쓰기 다른 사람 (O) ㅣ 다른사람 (X)

 찾아보기 안하무인의 뜻과 어울리는 문장을 찾아보세요.

1 희준이는 자기가 최고라는 듯이 같은 반 친구들을 무시하고 다녀요. (   )

2 미선이는 중요한 말을 전할 때마다 항상 1분 동안 먼저 생각하고 말해요. (   )

반대되는 뜻의 속담

뛰는 놈 위에 나는 놈 있다. 아무리 잘해도 더 잘하는 사람이 있으니 잘난 척하지 말라는 뜻이에요.

34 어부지리

漁	父	之	利
고기 잡을 어	아비 부	갈 지	이로울 리

 한자 뜻   어부가 이익을 얻다.

 뜻풀이   둘이 싸우는 사이에 엉뚱한 사람이 이익을 얻다.

 배경에 담긴 지혜

이 사자성어는 중국 송나라의 옛날이야기에서 나왔어요. 한 어부가 조개와 새가 싸우는 걸 보고 둘 다 쉽게 잡았어요. 조개는 새의 부리를 물고 새는 조개의 껍질을 쪼다가 둘 다 지쳤거든요. 이처럼 두 사람이 싸우는 사이에 옆에 있던 사람이 쉽게 이익을 얻는 걸 말해요.

따라쓰기   어부지리의 뜻풀이를 따라 써보세요.

둘	이		싸	우	는		사	이	에		엉	뚱	한
사	람	이		이	익	을		얻	다	.			

낱말 뜻   얻다 : 주는 것을 받거나 구해서 가지다.

찾아보기   어부지리의 뜻과 어울리는 문장을 찾아보세요.

1 2번 후보가 친하지 않은 친구를 함부로 대한다는 사실이 드러났어요.   (   )

2 2번과 3번 후보가 싸우기만 하자, 학생들은 1번 후보를 회장으로 뽑았어요.   (   )

 반대되는 뜻의 속담
고래 싸움에 새우 등 터진다.   두 사람이 싸우는데 아무 상관도 없는 사람이 피해를 입는다는 뜻이에요.

역지사지

 한자 뜻 입장을 바꿔서 생각하다.

 뜻풀이 다른 사람과 입장을 바꿔서 생각해 보다.

易	地	思	之
바꿀 역	입장 지	생각 사	그것 지

 ## 배경에 담긴 지혜

'역지사지'는 중국의 위인 '공자'의 <논어>라는 책에서 유래됐어요. 공자는 "입장을 바꾸어 다른 사람의 처지를 살펴보는 것은 사람에게 꼭 필요한 일이다"라고 하며 제자들에게 가르침을 주었지요. 우리도 이런 마음가짐으로 누군가와 문제가 생기면 그 사람의 입장에서 한 번 생각해 봐요!

따라쓰기 역지사지의 뜻풀이를 따라 써보세요.

다	른		사	람	과		입	장	을		바	꿔	서
생	각	해		보	다	.							

낱말 뜻 입장 : 눈앞에서 마주하고 있는 상황.

찾아보기 역지사지의 뜻과 어울리는 문장을 찾아보세요.

1 혜진이의 입장을 생각하니까 왜 화가 났는지 이해되었어요.   (   )

2 민지와 혜지가 남은 케이크를 먹겠다고 싸울 때 제가 얼른 먹어 버렸어요. (   )

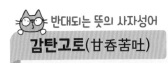 반대되는 뜻의 사자성어
감탄고토(甘呑苦吐) 달면 삼키고 쓰면 뱉는다는 뜻으로 자기에게만 유리하게 행동하는 것을 의미해요.

36

오리무중

 한자 뜻 오(5) 리나 되는 안개 속에 있다.

 뜻풀이 어떤 일에 대해 어떻게 해야 할지 알 수 없다.

五	里	霧	中
다섯 오	마을 리	안개 무	가운데 중

 배경에 담긴 지혜

중국 후한 때 '장해'라는 사람이 있었어요. 그는 학식만 뛰어난 것이 아니라 도술에도 능했다고 해요. 특히 안개를 만드는 도술을 부리기로 유명했는데 곧잘 오리무(五里霧, 5리나 되는 안개)를 만들었다고 하지요. '장해'는 사람들이 찾아오면 안개를 만들어 자신을 찾지 못하게 했어요. 여기서 '오리무중'이라는 말이 생겼다고 해요.

따라쓰기 오리무중의 뜻풀이를 따라 써보세요.

어	떤		일	에		대	해		어	떻	게		해	야
할	지		알		수		없	다	.					

낱말 뜻 (-으)ㄹ지 : '어떻게 될지' 하고 궁금하거나 잘 모를 때 사용하는 말이에요.
(-으)ㄴ 지 : 어떤 일이 생긴 다음의 시간.

띄어쓰기 할지 (O) | 할 지 (X)

찾아보기 오리무중의 뜻과 어울리는 문장을 찾아보세요.

1 이 문제를 어떻게 해결해야 할지 전혀 알 수 없었어요. ( )

2 상대방의 입장에서 생각하니까 왜 문제가 생겼는지 알 수 있었어요. ( )

 비슷한 뜻의 사자성어

첩첩산중(疊疊山中) 겹겹이 쌓인 산속이라는 뜻으로, 어떻게 해야 할지 알 수 없고 답답한 상태를 비유해요.

51

37 온고지신

溫	故	知	新
익힐 온	옛날 고	알 지	새 신

 한자 뜻 옛날 것을 익히고 새로운 것을 알다.

 뜻풀이 옛날 것을 익히고, 그것을 통해 새것을 안다.

 배경에 담긴 지혜

'온고지신'은 중국의 위인 '공자'가 쓴 <논어>라는 책에 나온 말이에요. '공자'는 옛것을 잘 익히고 이해하는 것이 새로운 것을 배우는 데 도움이 된다고 가르쳤어요. 이 말은 학문이나 공부할 때 과거의 지식을 바탕으로 새로운 것을 알아가는 자세가 중요하다는 것을 알려줍니다.

 따라쓰기 온고지신의 뜻풀이를 따라 써보세요.

옛	날		것	을		익	히	고	,		그	것	을	
통	해		새	것	을		안	다	.					

찾아보기 온고지신의 뜻과 어울리는 문장을 찾아보세요.

1 역사를 알아보려고 하는데 자료가 없어서 답답했어요. ( )

2 역사를 공부하니까 지금의 사회 문제에 대해 이해하기가 쉬웠어요. ( )

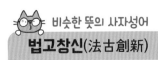 비슷한 뜻의 사자성어

법고창신(法古創新) 옛날 것을 본받아 새로운 것을 만든다는 뜻이에요.

38 용두사미

龍	頭	蛇	尾
용 용	머리 두	뱀 사	꼬리 미

 한자 뜻 용의 머리와 뱀의 꼬리.

 뜻풀이 처음에는 멋지게 시작하지만 끝은 좋지 않다.

 배경에 담긴 지혜

'용두사미'는 용의 머리와 뱀의 꼬리라는 뜻으로 시작은 크고 멋지게 하지만 끝은 부족하거나 흐지부지하게 마무리되는 것을 말해요. 이 말은 특별한 이야기에서 나온 것은 아니고 글자의 뜻을 합쳐서 만든 표현이에요. 예를 들어 숙제를 처음에는 열심히 하다가 나중에 대충 끝내는 것을 '용두사미'라고 할 수 있어요. '용두사미'는 어떤 일이든 끝까지 잘 마무리하는 것이 중요하다는 교훈을 주는 말이에요.

따라쓰기 용두사미의 뜻풀이를 따라 써보세요.

처	음	에	는		멋	지	게		시	작	하	지	만	
끝	은		좋	지		않	다	.						

찾아보기 용두사미의 뜻과 어울리는 문장을 찾아보세요.

1. 그 영화는 시작 부분만 재미있었고 뒤로 갈수록 지루하기만 했어요.　　(　)

2. 영화를 보기 전에 관련된 역사를 공부하니까 내용 이해가 더 쉬웠어요.　　(　)

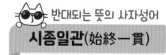 반대되는 뜻의 사자성어

시종일관(始終一貫) 어떤 일이나 행동, 생각 등이 처음부터 끝까지 변함이 없다는 뜻이에요.

39 우이독경

 한자 뜻 소의 귀에 글 읽기.

 뜻풀이 아무리 가르쳐도 알아듣지 못하다.

牛	耳	讀	經
소 우	귀 이	읽을 독	글 경

 배경에 담긴 지혜

'우이독경'은 소귀에 대고 글을 읽는다는 뜻으로 아무리 좋은 말을 해도 알아듣지 못하면 소용이 없다는 의미입니다. 상대방이 이해할 수 있게 말하고 중요한 말을 들을 때 잘 듣고 이해하려고 노력해야 해요.

따라쓰기 우이독경의 뜻풀이를 따라 써보세요.

| 아 | 무 | 리 | | 가 | 르 | 쳐 | 도 | | 알 | 아 | 듣 | 지 | | 못 |
| 하 | 다 | . | | | | | | | | | | | | |

낱말 뜻
가르치다 : 다른 사람에게 지식, 기술을 알려주다.
가리키다 : 손가락으로 무엇을 보게 하다.

띄어쓰기 알아듣지 (O) ㅣ 알아 듣지 (X)

찾아보기 우이독경의 뜻과 어울리는 문장을 찾아보세요.

1 쉬운 문제라고 생각했는데, 풀어보니까 생각보다 어려웠어요. ( )

2 아무리 설명을 해도 지수는 왜 그것이 정답인지 이해하지 못했어요. ( )

 비슷한 뜻의 사자성어

마이동풍(馬耳東風) 말 귀에 동쪽 바람이 분다는 뜻으로, 다른 사람 말을 듣지 않고 흘려버림을 비유하는 표현이에요.

40 유비무환

有	備	無	患
있을 유	갖출 비	없을 무	근심 환

 한자 뜻 준비가 되어 있으면 걱정이 없다.

 뜻풀이 준비가 잘 되어 있으면 걱정할 일이 없다.

 배경에 담긴 지혜

'유비무환'은 중국 진나라의 신하 '사마위강'의 말에서 유래됐어요. 그는 평화로운 때에도 전쟁에 미리 준비하라고 강조하며, 준비되어 있으면 걱정이 없다는 교훈을 남겼어요. 이 말은 준비의 중요성을 알려주는 표현으로 널리 사용됩니다.

따라쓰기 유비무환의 뜻풀이를 따라 써보세요.

준	비	가		잘		되	어		있	으	면		걱	정
할		일	이		없	다	.							

낱말 뜻 걱정 : ① 어떤 일 때문에 마음이 편하지 않음. ② 마음이 편하지 않아 불안함.

찾아보기 유비무환의 뜻과 어울리는 문장을 찾아보세요.

1 비가 올 것 같아서 우산을 챙겼더니, 나중에 비가 와도 걱정이 없었어요.　(　　　)

2 전철 환승 방법을 배웠지만 노선도가 복잡해서 갈아타기가 힘들었어요.　(　　　)

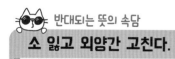 반대되는 뜻의 속담
소 잃고 외양간 고친다.

일이 잘못된 뒤에는 방법을 찾아도 소용없다는 뜻이에요.

사자성어 실전 테스트

1 사자성어의 뜻을 찾아 선으로 이어 보세요.

막상막하 ●	● 입장을 바꿔서 생각하다.
배은망덕 ●	● 위도 없고 아래도 없다.
소탐대실 ●	● 은혜를 배신하고 도와준 걸 잊다.
역지사지 ●	● 작은 것을 욕심내다가 큰 것을 잃는다.
온고지신 ●	● 옛날 것을 익히고 새로운 것을 알다.

2 뜻풀이를 보고, 해당하는 사자성어를 글자판에서 찾아 보세요.

뜻풀이

1. 미래를 예상하고 준비하는 능력.
2. 아무리 가르쳐도 알아듣지 못하다.
3. 처음에는 멋지게 시작하지만 끝은 좋지 않다.
4. 다른 사람들을 무시하며 멋대로 행동하다.
5. 둘이 싸우는 사이에 엉뚱한 사람이 이익을 얻다.

안	하	무	인	살	우
중	용	두	사	미	이
무	선	상	어	온	독
탐	견	새	부	전	경
인	지	초	지	배	숙
귀	명	환	리	역	막

사자성어는 가로, 세로 형태로 숨어 있어요.

3 아래 사자성어 또는 속담의 의미와 관련이 있는 사자성어를 보기에서 골라 보세요.

보기: 사면초가　사필귀정　새옹지마　설상가상　심사숙고　오리무중

1. 갈수록 태산.　　　　　　　　　　　　　　　（　　　　　）

2. 돌다리도 두들겨 보고 건너라.　　　　　　　　（　　　　　）

3. 첩첩산중(疊疊山中) : 여러 겹으로 겹쳐 있는 산속.　（　　　　　）

4. 콩 심은 데 콩 나고 팥 심은 데 팥 난다.　　　　（　　　　　）

5. 전화위복(轉禍爲福) : 재앙이 바뀌어 복이 되다.　（　　　　　）

6. 진퇴양난(進退兩難) : 나아가는 것도 물러나는 것도 어려움.　（　　　　　）

4 문제를 보고 어울리는 사자성어를 골라 보세요.

1. 버스를 타기 전에 미리 멀미약을 먹었더니, 걱정 없이 여행할 수 있었어요.
　　무용지물 (　　) 　유비무환 (　　)

2. 비싸게 산 물건이 한 번 떨어뜨리자 쓸모없어졌어요.
　　무용지물 (　　) 　살신성인 (　　)

3. 희철이는 자신이 더러워지는 것을 신경 쓰지 않고 열심히 쓰레기를 치웠어요.
　　살신성인 (　　) 　아전인수 (　　)

4. 용식이는 모두가 나눠 먹을 음식을 자기만 더 많이 가져갔어요.
　　아전인수 (　　) 　유비무환 (　　)

41 유유상종

 같은 무리끼리 서로 따른다.

 비슷한 사람들끼리 서로 어울리다.

類	類	相	從
무리 류	무리 류	서로 상	따를 종

 배경에 담긴 지혜

중국 제나라의 왕이 왜 비슷한 사람들끼리 모이는지 묻자, 신하 '순우곤'은 "새들이 같은 종류끼리 함께 날고, 물고기도 같이 모여 다니듯이 사람들도 성격이나 좋아하는 것이 비슷하면 자연스럽게 어울리게 됩니다."라고 했다는 데서 유래됐이요.

따라쓰기 유유상종의 뜻풀이를 따라 써보세요.

비	슷	한		사	람	들	끼	리		서	로		어	울
리	다	.												

낱말 뜻　비슷하다 : 두 개가 모두 같지는 않지만, 거의 같다.
똑같다 : 두 개가 모두 같으며 조금도 다르지 않다.

찾아보기 유유상종의 뜻과 어울리는 문장을 찾아보세요.

1 쓰레기 문제가 생기지 않도록 미리 대비를 하니까 마음이 편해졌어요.　(　　)

2 우리 반에서 게임 좋아하는 친구들이 자연스럽게 같이 어울리더라.　(　　)

 비슷한 뜻의 속담
가재는 게 편.　비슷한 사람들끼리 서로 어울리거나 편을 든다는 뜻이에요.

42 이심전심

 한자 뜻 마음을 통해서 마음을 전한다.

 뜻풀이 말을 하지 않아도 마음으로 통하다.

以	心	傳	心
써이	마음심	전할전	마음심

 배경에 담긴 지혜

'이심전심'은 마음에서 마음으로 전한다는 뜻으로 '부처님'과 '가섭'의 이야기에서 유래했어요. 옛날에 '부처님'이 제자들과 있을 때 꽃을 하나 들어 보였어요. 제자들은 그 뜻을 몰랐지만 '가섭'만 미소를 지었지요. 부처님은 "가섭이 말없이도 마음을 이해했다."라고 말했어요. 친구가 힘들어 보일 때 말하지 않아도 그 마음을 알아주는 것이 바로 '이심전심'이라고 할 수 있어요.

따라쓰기 이심전심의 뜻풀이를 따라 써보세요.

말	을		하	지		않	아	도		마	음	으	로	
통	하	다	.											

낱말 뜻 통하다 : ① 막히는 게 없이 이어지다. ② 마음 또는 말이 다른 사람과 소통되다.

찾아보기 이심전심의 뜻과 어울리는 문장을 찾아보세요.

1 내가 남동생과 싸우면 오빠는 맨날 남동생 편만 들어요. ( )

2 나와 내 동생은 눈빛만 봐도 마음이 통할 정도로 사이가 좋아요. ( )

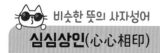 **비슷한 뜻의 사자성어**
심심상인(心心相印) 말없이 서로의 마음을 이해하고 통한다는 뜻이에요.

59

43 인과응보

因	果	應	報
원인 인	실과 과	응할 응	갚을 보

 한자 뜻 어떤 일을 하면 그에 맞는 결과가 생긴다.

 뜻풀이 착한 일을 하면 복이 오고, 나쁜 일을 하면 화가 온다.

 배경에 담긴 지혜

'인과응보'는 불교에서 전해진 사자성어예요. '혜립'이 쓴 <대당 대자은사삼장법사전>에는 "좋은 일을 쌓으면 좋은 결과가 나타나고 나쁜 일을 쌓으면 나쁜 결과가 따른다."라고 기록되어 있지요. 이것을 '인과응보'라고 표현했어요.

 따라쓰기 인과응보의 뜻풀이를 따라 써보세요.

착	한		일	을		하	면		복	이		오	고	,
나	쁜		일	을		하	면		화	가		온	다	.

낱말 뜻
복 : 좋은 일이나 행복한 일.
화 : 나쁜 일이나 불행한 일.

찾아보기 인과응보의 뜻과 어울리는 문장을 찾아보세요.

1 지후는 거짓말을 너무 자주 해서 아무도 그의 말을 믿지 않게 되었어요. (   )

2 저랑 예진이는 무척 친해서 말을 안 해도 서로 무슨 생각을 하는지 알아요. (   )

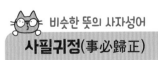 비슷한 뜻의 사자성어
사필귀정(事必歸正) 모든 일은 결국 올바른 결론에 도달한다는 뜻이에요.

44 일거양득

一	擧	兩	得
한 일	행동 거	두 량	얻을 득

 한자 뜻 한 번의 행동으로 두 가지 이득을 얻는다.

 뜻풀이 한 가지 일을 해서 두 가지 좋은 결과를 얻는다.

 ## 배경에 담긴 지혜

중국 진나라의 장군 '변장자'는 어느 날 호랑이 두 마리가 소를 두고 싸우는 것을 지켜보다가 호랑이들이 지쳐 쓰러지자 두 마리의 호랑이와 소를 모두 얻을 수 있었어요. 이로 인해 한 번의 행동으로 두 가지 이익을 얻는다는 '일거양득'이 유래되었어요. 이 이야기는 상황을 지혜롭게 판단하고 참을성 있게 기다리는 것이 중요하다는 교훈을 줘요.

따라쓰기 일거양득의 뜻풀이를 따라 써보세요.

한		가	지		일	을		해	서		두		가	지
좋	은		결	과	를		얻	는	다	.				

띄어쓰기 한 가지 (O) ｜ 한가지 (X)
'한 가지', '두 가지'와 같이 '-가지'가 수를 세기 위해 쓰일 때는 앞말과 띄어 써야 해요.

찾아보기 일거양득의 뜻과 어울리는 문장을 찾아보세요.

1 영어 학원을 몰래 안 간 걸 들켜서 엄마에게 크게 혼났어요.　　(　　)

2 영어 학원을 다니며 영어 실력도 늘고 외국인 친구도 사귀게 되었어요.　(　　)

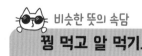 비슷한 뜻의 속담
꿩 먹고 알 먹기.　　꿩을 먹으며 알도 먹는다는 뜻으로 한 가지 일로 두 가지 이익을 얻는 것을 말해요.

45 일석이조

 한자 뜻 하나의 돌로 두 마리 새를 잡는다.

 뜻풀이 한 가지 행동으로 두 가지 좋은 결과를 얻는다.
적은 노력으로 좋은 결과를 얻다.

一	石	二	鳥
하나 일	돌 석	둘 이	새 조

배경에 담긴 지혜

'일석이조'는 한 번의 행동으로 여러 이익을 얻는다는 뜻이에
요. 이 말은 지혜롭게 행동하면 더 좋은 결과를 얻을 수 있다
는 의미를 담고 있어요. 간단한 방법으로 효과적인 결과를 얻
을 수 있다는 가르침을 줘요.

따라쓰기 일석이조의 뜻풀이를 따라 써보세요.

한		가	지		행	동	으	로		두		가	지
좋	은		결	과	를		얻	는	다	.			

찾아보기 일석이조의 뜻과 어울리는 문장을 찾아보세요.

1 현지와 저는 비슷한 점이 너무 많다 보니, 자주 같이 다녀요. (　　)

2 청소를 하면 집도 깨끗해지고 기분도 좋아져요. (　　)

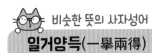 비슷한 뜻의 사자성어

일거양득(一擧兩得) 한 번의 행동으로 두 가지 이득을 얻는다는 뜻이에요.

62

46 임기응변

 한자 뜻 상황에 따라 변화를 잘 맞추다.

臨	機	應	變
임할 임	기회 기	응할 응	변할 변

 뜻풀이 어떤 일이 생겼을 때, 그 상황에 맞춰 행동을 잘 바꾼다.

 배경에 담긴 지혜

중국 춘추시대에 제나라의 '안영'이 사신으로 초나라에 갔을 때, 초나라 왕이 작은 문으로 들어오라고 하며 제나라를 놀리려 했어요. '안영'은 "큰 나라의 사신이니까 작은 문으로 못 들어갑니다."라고 말해 상황을 재치 있게 해결했다고 해요. 이 일화는 어려운 상황에서 재치 있게 대처하는 '임기응변'의 좋은 예로 알려져 있어요.

따라쓰기 임기응변의 뜻풀이를 따라 써보세요.

어	떤		일	이		생	겼	을		때	,	그		상
황	에		맞	춰		행	동	을		잘		바	꾼	다	.

찾아보기 임기응변의 뜻과 어울리는 문장을 찾아보세요.

1 공연 덕분에 좋아하는 가수도 보고, 공부 스트레스도 풀 수 있었어요. (   )

2 수지는 공연 중에 실수를 했지만 잘 해결해서 위기에서 벗어났어요. (   )

비슷한 뜻의 속담

호랑이에게 물려가도 정신만 차리면 산다.   아무리 위험한 상황이라도, 정신만 똑똑히 차리면 살 수 있다는 뜻이에요.

47 작심삼일

作	心	三	日
만들 작	마음 심	셋 삼	날 일

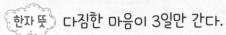 **한자 뜻** 다짐한 마음이 3일만 간다.

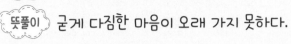 **뜻풀이** 굳게 다짐한 마음이 오래 가지 못하다.

🌳 배경에 담긴 지혜

'작심삼일'은 새로운 결심을 하고 3일도 가지 못하는 경우를 나타내는 표현이에요. 많은 사람이 목표를 쉽게 세우지만 꾸준하게 하기는 어려워하는 모습에서 유래했어요. 결심을 유지하려는 노력이 필요하다는 교훈을 줘요.

따라쓰기 작심삼일의 뜻풀이를 따라 써보세요.

굳	게		다	짐	한		마	음	이		오	래		가
지		못	하	다	.									

낱말 뜻 다짐하다 : 마음 또는 목표를 강하게 정하다.

찾아보기 작심삼일의 뜻과 어울리는 문장을 찾아보세요.

1 엄마가 방에 오는 것 같아서 재빨리 게임기를 끄고 공부하는 척했어요. (   )

2 새해가 되어 게임을 끊겠다고 다짐했지만 그 결심이 오래 가지 못했어요. (   )

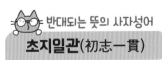 **반대되는 뜻의 사자성어**
초지일관(初志一貫)   처음에 다짐한 것을 끝까지 밀고 나간다는 뜻이에요.

적반하장

賊	反	荷	杖
도둑 적	돌이킬 반	멜 하	지팡이 장

 한자 뜻 도둑이 오히려 매를 들고 꾸짖는다.

 뜻풀이 잘못한 사람이 잘못 없는 사람에게 화를 내다.

 배경에 담긴 지혜

'적반하장'은 중국의 옛이야기에서 나온 말로 도둑이 잘못하고도 오히려 큰소리친다는 뜻이에요. 이 이야기는 조선 후기 홍만종의 <순오지>에도 실려 있어요. 잘못한 사람이 오히려 당당하게 나서는 상황을 비판하며 자신의 잘못을 인정하고 책임지는 태도의 중요성을 강조하는 사자성어예요.

따라쓰기 적반하장의 뜻풀이를 따라 써보세요.

잘	못	한		사	람	이		잘	못		없	는		사
람	에	게		화	를		내	다	.					

낱말 뜻 내다 : ① 물건이나 돈 등을 주다. ② 마음을 겉으로 드러내다.
③ 길, 통로, 창문 등을 만들다.

띄어쓰기 잘못 없는 (O) | 잘못없는 (X)

찾아보기 적반하장의 뜻과 어울리는 문장을 찾아보세요.

1 휴대폰만 보고 가다 앞사람과 부딪힌 민우는 앞사람에게 화를 냈어요. (   )

2 휴대폰을 한 시간 이상 안 하겠다고 했으면서 또 하루 종일 휴대폰을 해요. (   )

 비슷한 뜻의 속담

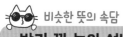 **방귀 뀐 놈이 성낸다.** 방귀를 뀐 사람이 화를 낸다는 뜻으로 잘못한 사람이 오히려 화를 내는 걸 말해요.

49 전화위복

轉	禍	爲	福
구를 전	재앙 화	될 위	복 복

 한자 뜻 재앙이 바뀌어 복이 되다.

 뜻풀이 나쁜 일이 오히려 좋은 결과를 가져올 수 있다.

 배경에 담긴 지혜

중국 춘추시대 때 외교관인 '소진'이 한 말에서 유래되었어요. '소진'은 "일을 잘하는 사람은 화를 바꿔서 복이 되게 하였고, 실패한 것을 바꿔서 성공으로 이끌었다."라고 말했어요. 이때 화를 바꿔서 복이 되게 했다는 것에서 '전화위복'이 유래되었어요.

따라쓰기 전화위복의 뜻풀이를 따라 써보세요.

나	쁜		일	이		오	히	려		좋	은		결	과
를		가	져	올		수		있	다	.				

찾아보기 전화위복의 뜻과 어울리는 문장을 찾아보세요.

1 실패를 경험으로 삼고 노력한 덕분에 나중에는 크게 성공했어요. (   )

2 실패했다고 해서 남 탓만 하다가는 앞으로도 쭉 성공하지 못할 거예요. (   )

 비슷한 뜻의 사자성어

새옹지마(塞翁之馬) 변방에 사는 노인의 말이라는 뜻으로, 행복과 불행은 예측하기 어려움을 비유해요.

50 조삼모사

朝	三	暮	四
아침 조	셋 삼	저물 모	넷 사

 한자 뜻 아침에 세 개 저녁에 네 개.

 뜻풀이 눈앞의 차이만 생각하고 결과가 같음을 모른다. 속임수를 써서 남을 속이다.

 배경에 담긴 지혜

중국 송나라에 원숭이를 키우는 '저공'이란 사람이 있었어요. 그는 원숭이들에게 도토리를 아침에 3개, 저녁에 4개씩 주기로 했어요. 이에 원숭이들은 아침에 먹는 도토리가 적다며 화를 냈지요. '저공'은 어쩔 수 없다는 듯이 아침에 4개, 저녁에 3개씩 주기로 했어요. 이에 원숭이들은 좋아했다고 해요. 이처럼 눈앞의 차이만 따져 결과가 같음을 모른다는 것에서 유래됐어요.

 따라쓰기 조삼모사의 뜻풀이를 따라 써보세요.

눈	앞	의		차	이	만		생	각	하	고		결	과
가		같	음	을		모	른	다	.					

낱말 뜻 같다 : 서로 다르지 않다. | 맞다 : 문제의 답이 틀리지 않다.

찾아보기 조삼모사의 뜻과 어울리는 문장을 찾아보세요.

① 숙제 공책을 잃어버려서 다시 숙제를 했는데 오히려 복습이 되었어요. (   )

② 처음엔 500원 깎아주고 나중에 500원 더 받아도 사람들이 좋아했어요. (   )

비슷한 뜻의 속담
눈 가리고 아웅한다. 쉽게 들통날 수 있는 얕은꾀로 남을 속이려는 행동을 비유적으로 표현한 말이에요.

주객전도

主	客	顚	倒
주인 주	손님 객	뒤집힐 전	넘어질 도

 한자 뜻   주인과 손님이 뒤바뀌다.

 뜻풀이   일의 순서나 위치가 뒤바뀌어 올바르지
않다.

 배경에 담긴 지혜

'주객전도'는 해야 할 일과 안 해도 될 일이 바뀌는 걸 말해
요. 중요한 것과 덜 중요한 것이 뒤바뀌는 상황을 나타내는
말이에요. 예를 들어 숙제를 해야 하는데 게임을 먼저 하거
나, 중요한 발표 준비를 미루고 놀기만 하는 경우에 사용할
수 있어요.

따라쓰기   주객전도의 뜻풀이를 따라 써보세요.

일	의		순	서	나		위	치	가		뒤	바	뀌	어
올	바	르	지		않	다	.							

낱말 뜻   뒤바뀌다 : 차례, 위치 등이 반대로 바뀌거나 섞이다.

찾아보기   주객전도의 뜻과 어울리는 문장을 찾아보세요.

1 그 상품은 1+1 행사를 하는 척하며 상품의 가격을 조금씩 올렸어요. (   )

2 친구가 숙제를 도와주러 왔는데, 친구는 숙제를 하고 나는 놀기만 했어. (   )

 비슷한 뜻의 속담
배보다 배꼽이 더 크다.   기본보다 덧붙여 추가되는 것이 더 크거나 중요해지는 상황을 비유
해요.

52 죽마고우

竹	馬	故	友
대나무죽	말마	옛날고	벗우

 한자 뜻 대나무 말을 타고 놀던 옛 친구.

 뜻풀이 어렸을 때부터 같이 놀며 친하게 지낸 친구.

 배경에 담긴 지혜

'죽마고우'는 중국 진나라 '환온'이 한 말에서 시작됐어요. '환온' 과 '은호'는 어릴 때는 친구였지만 어른이 되면서 사이가 안 좋아 졌어요. '환온'은 어렸을 때 '은호'가 자기가 버린 대나무 말을 타 고 놀았다며 '은호'를 무시했죠. 이 말은 원래 좋지 않은 뜻으로 사용되었지만 지금은 어릴 때부터 함께한 친한 친구를 뜻하는 말로 쓰이고 있어요.

 따라쓰기 죽마고우의 뜻풀이를 따라 써보세요.

어	렸	을		때	부	터		같	이		놀	며		친
하	게		지	낸		친	구	.						

낱말 뜻 지내다 : 어떤 장소에서 살다. | 보내다 : 사람이나 물건을 다른 곳으로 가게 하다.

띄어쓰기 어렸을 때 (O) | 어렸을때 (X)

찾아보기 죽마고우의 뜻과 어울리는 문장을 찾아보세요.

1 철수 아저씨와 준현이 아저씨는 어릴 적부터 친하게 지낸 친구 사이예요. (　　　)

2 민철이 아저씨는 선생님이 손님으로 오시자 서비스 음식을 많이 주셨어요. (　　　)

반대되는 뜻의 사자성어
견원지간(犬猿之間)
　　개와 원숭이 사이라는 뜻으로 사이가 아주 나쁨을 비유해요.

53 청출어람

 한자 뜻 푸른색이 쪽풀(남색)에서 나왔다.

 뜻풀이 제자가 스승보다 더 낫다.

靑	出	於	藍
푸를 청	날 출	~에서 어	쪽 람

 배경에 담긴 지혜

중국의 위인 '순자'는 "학문은 그쳐서는 안 된다. 푸른색이 쪽에서 나왔지만 쪽보다 더 푸르고, 얼음은 물이었지만 물보다 더 차다."라고 말했어요. 학문을 중간에 멈춰서는 안 된다는 뜻으로 깊이 공부하면 스승보다 더 뛰어난 제자가 될 수 있다는 말이에요. 여기서 제자가 스승보다 뛰어나다는 뜻인 '청출어람'이 나왔어요.

 따라쓰기 청출어람의 뜻풀이를 따라 써보세요.

제	자	가		스	승	보	다		더		낫	다	.

낱말 뜻 낫다 : 어떤 것이 다른 것보다 더 좋다. | 낮다 : 높이가 기준에 미치지 못하다.

찾아보기 청출어람의 뜻과 어울리는 문장을 찾아보세요.

1 저랑 미진이는 아주 친해서 초등학교부터 대학교까지 쭉 같이 다녔어요. ( )

2 열심히 공부해서 선생님이 졸업한 학교보다 더 유명한 곳에 입학했어요. ( )

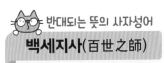 반대되는 뜻의 사자성어
백세지사(百世之師) 100세까지 가는 스승이라는 뜻으로 모든 사람의 존경을 받는 뛰어난 스승을 말해요.

초지일관

初	志	一	貫
처음 초	뜻 지	하나 일	꿸 관

 한자 뜻 처음 세운 뜻을 끝까지 밀고 나가다.

 뜻풀이 어떤 목표나 뜻을 끝까지 꾸준히 지키는 것.

배경에 담긴 지혜

'초지일관'은 <논어>에서 공자가 한 말에서 유래했어요. 공자는 처음 세운 목표를 끝까지 꾸준히 지키는 것이 중요하다고 가르쳤어요. 어려운 일이 있어도 포기하지 않고 처음 마음을 끝까지 지키는 사람을 높이 평가했답니다. 그래서 이 말은 처음 목표를 끝까지 밀고 나가는 것을 뜻해요.

따라쓰기 초지일관의 뜻풀이를 따라 써보세요.

어	떤		목	표	나		뜻	을		끝	까	지		꾸
준	히		지	키	는		것	.						

찾아보기 초지일관의 뜻과 어울리는 문장을 찾아보세요.

1 어렸을 때부터 축구선수가 되겠다는 꿈을 갖고 열심히 연습했어요.　　　(　　)

2 저는 축구를 열심히 해서 선수가 되려던 아빠의 꿈을 대신 이뤘어요.　　　(　　)

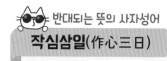 반대되는 뜻의 사자성어

작심삼일(作心三日) 다짐한 마음이 삼일만 간다는 뜻으로 굳게 다짐한 마음이 오래가지 못함을 비유해요.

55 타산지석

他	山	之	石
다를 타	산 산	~의 지	돌 석

 한자 뜻 다른 산에 있는 돌.

 뜻풀이 다른 사람의 실수나 잘못한 것에서도 배울 게 있다.

 ## 배경에 담긴 지혜

중국의 시집 <시경>에 다른 산에 있는 하찮은 돌이라도 숫돌이 될 수 있고 옥을 가는 데 쓰일 수도 있다는 내용이 있어요. 이때 '다른 산의 돌'은 소인(마음이 좁은 사람), '옥'은 군자(지혜로운 사람)를 비유한 말이지요. 즉, 군자는 소인을 통해서도 배울 점을 찾을 수 있다고 했는데 이 내용에서 '타산지석'이 유래했어요.

 따라쓰기 타산지석의 뜻풀이를 따라 써보세요.

다	른		사	람	의		실	수	나		잘	못	한
것	에	서	도		배	울		게		있	다	.	

찾아보기 타산지석의 뜻과 어울리는 문장을 찾아보세요.

① 매일 6시에 일어나겠다는 약속을 일 년 넘게 지키고 있어요. ( )

② 친구가 헬멧 없이 자전거를 타다 다쳤어요. 그래서 나는 항상 헬멧을 써요. ( )

비슷한 뜻의 사자성어
반면교사(反面教師) 반대되는 모습에서 교훈을 주는 스승이란 뜻으로 다른 사람의 잘못을 보고 배우는 것을 말해요.

56

토사구팽

兎	死	狗	烹
토끼토	죽을사	개구	삶을팽

 한자 뜻 : 토끼가 죽으면 사냥개를 삶는다.

 뜻풀이 : 필요할 때는 쓰고 필요 없으면 버린다.

 배경에 담긴 지혜

옛날 중국에 '유방'이라는 왕이 있었어요. '한신'이라는 장수가 '유방'을 도와 초나라 '항우'와의 전쟁에서 이겼고, '유방'은 황제가 되었어요. 하지만 '유방'은 '한신'이 너무 강해지는 것을 걱정했어요. 그래서 '한신'을 없애려고 했어요. 이에 '한신'은 자신의 처지를 '토사구팽'에 비유했답니다.

따라쓰기 토사구팽의 뜻풀이를 따라 써보세요.

필	요	할		때	는		쓰	고		필	요		없	으
면		버	린	다	.									

낱말 뜻 버리다 : 가질 필요가 없는 물건을 던지거나 쏟다.
벌이다 : ① 일을 시작하다. ② 물건을 늘어놓다.

찾아보기 토사구팽의 뜻과 어울리는 문장을 찾아보세요.

1 아름이가 말을 함부로 하는 걸 보며 저는 그러지 않겠다고 다짐했어요.   (   )

2 시험에 대해 물으며 친한 척하던 예지는 시험이 끝나자 저를 무시했어요.   (   )

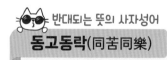 반대되는 뜻의 사자성어
동고동락(同苦同樂)   같이 괴로워하고 함께 즐거워한다는 뜻이에요.

57 파죽지세

破	竹	之	勢
깨뜨릴 파	대나무 죽	~의 지	형세 세

 한자 뜻 대나무를 쓰러뜨리는 기운.

뜻풀이 거침없이 나아가는 강한 기운.

 배경에 담긴 지혜

'파죽지세'는 중국 역사책 <진서>에서 나온 말이에요. 동진의 장군 '두예'가 이끄는 병사들의 힘과 기운은 마치 날카로운 칼이 대나무를 쪼개듯이 거침이 없었다고 해요. 결국 '두예'의 병사들은 적을 계속해서 무찌르고 전쟁에서 승리했지요. 병사들의 모습을 표현한 이 말은 어떤 목표를 향해 포기하지 않고 계속 나아가야 한다는 교훈을 줘요.

따라쓰기 파죽지세의 뜻풀이를 따라 써보세요.

거	침	없	이		나	아	가	는		강	한		기	운	.

낱말 뜻 거치다 : ① 무언가에 걸리다. ② 어디를 지나가다.
걷히다 : 구름이나 안개 등이 흩어져서 없어지다.

띄어쓰기 나아가는 (O) ㅣ 나아 가는 (X)

찾아보기 파죽지세의 뜻과 어울리는 문장을 찾아보세요.

1 시험 전에는 문제집을 많이 봤는데 시험이 끝나니 전혀 보지 않았어요.   (   )

2 문제집의 앞부분을 이해하니까 뒷부분은 쉽고 빠르게 공부할 수 있었어요.   (   )

 비슷한 뜻의 사자성어

일사천리(一瀉千里) 강물이 빨리 흘러 천 리를 간다는 뜻으로, 일이 거침없이 빨리 진행되는 것을 말해요.

74

풍전등화

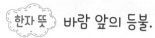

風	前	燈	火
바람 풍	앞 전	등불 등	불 화

 한자 뜻 바람 앞의 등불.

뜻풀이 매우 위험한 상황에 놓임.

 배경에 담긴 지혜

살다 보면 좋은 일도 있지만, 때로는 어려운 일을 겪을 때도 있어요. '풍전등화'는 위기 상황을 비유하는데 "바람 앞의 등불"이라는 속담처럼 언제 꺼질지 모르는 등불처럼 불안정한 상태를 가리키죠.

따라쓰기 풍전등화의 뜻풀이를 따라 써보세요.

매	우		위	험	한		상	황	에		놓	임	.	

찾아보기 풍전등화의 뜻과 어울리는 문장을 찾아보세요.

1 적군이 계속 이기자 그 나라는 망할 위기에 빠졌어요.　　　　　　(　)

2 전쟁에서 승리하면서 아군은 엄청난 기세로 궁궐을 향해 쳐들어갔어요.　(　)

비슷한 뜻의 사자성어
일촉즉발(一觸卽發)　한 번만 건드려도 폭발한다는 뜻으로 매우 위험한 상황을 비유해요.

59

형설지공

螢	雪	之	功
반딧불이 형	눈 설	~의 지	공 공

 한자 뜻 반딧불과 눈 덕분에 얻은 좋은 결과.

 뜻풀이 어려운 환경에서도 꾸준히 노력하여 얻은 성공.

 ## 배경에 담긴 지혜

옛날에 '차윤'은 가난해서 밤에 불을 켤 기름이 없었어요. 그래서 반딧불을 모아 그 빛으로 책을 읽었어요. '손강'은 눈 덮인 밤에 눈빛에 비추어 글을 읽었어요. 두 사람은 힘든 상황에서도 포기하지 않고 공부해서 성공했어요. '형설지공'은 이렇게 어려운 환경에서도 노력하면 좋은 결과를 얻을 수 있다는 뜻이에요.

 따라쓰기 형설지공의 뜻풀이를 따라 써보세요.

어	려	운		환	경	에	서	도		꾸	준	히		노
력	하	여		얻	은		성	공	.					

낱말 뜻 포기 : ① 하려던 일을 그만둠.
② 뿌리를 단위로 한 풀이나 나무를 세는 단위. 예) 배추 한 포기

 찾아보기 형설지공의 뜻과 어울리는 문장을 찾아보세요.

1 한 번 더 시험 점수가 나쁘면 아빠가 용돈을 줄이겠다고 하셨어요.　　(　)

2 시험에서 여러 번 떨어졌지만 포기하지 않고 공부해서 결국 합격했어요.　(　)

비슷한 뜻의 사자성어
주경야독(晝耕夜讀) 낮에는 밭을 갈고 밤에는 글을 읽는다는 뜻으로, 열심히 일하며 공부하는 모습을 비유하는 표현이에요.

60 화룡점정

 한자 뜻 용의 그림에 눈동자를 찍다.

 뜻풀이 가장 중요한 부분을 완성해 일을 끝내다.

畫	龍	點	睛
그림 화	용 룡	점 점	눈동자 정

 ## 배경에 담긴 지혜

중국 양나라의 화가 '장승요'는 절 벽면에 용을 그려달라는 부탁을 받았어요. 그는 그림이 완성되었는데도 눈동자는 그리지 않았어요. 그 이유를 묻자, 눈동자를 그리면 용이 되어 하늘로 날아가 버릴 거라고 했지요. 사람들의 재촉에 '장승요'가 용에 눈동자를 그리자, 갑자기 용 한 마리가 벽면을 박차고 솟아오르더니 구름을 타고 하늘로 날아갔어요. 이때부터 중요한 일의 마무리를 하는 것을 '화룡점정'이라고 부르게 되었어요.

따라쓰기 화룡점정의 뜻풀이를 따라 써보세요.

가	장		중	요	한		부	분	을		완	성	해	
일	을		끝	내	다	.								

낱말 뜻 부분 : 전체를 몇 개로 나눈 작은 것 중 하나.

찾아보기 화룡점정의 뜻과 어울리는 문장을 찾아보세요.

1 음식도 완벽하게 만들었고 마지막으로 그릇에 잘 옮겨 담으면 끝이에요. (   )

2 어려운 환경 속에서 열심히 요리 공부를 해서 훌륭한 요리사가 되었어요. (   )

반대되는 뜻의 속담
다 된 죽에 코 빠뜨린다. 거의 다 된 일을 실수로 망쳐버린다는 뜻이에요.

사자성어 실전 테스트

1 사자성어의 뜻을 찾아 선으로 이어 보세요.

유유상종	주인과 손님이 뒤바뀌다.
인과응보	재앙이 바뀌어 복이 되다.
전화위복	같은 무리끼리 서로 따른다.
주객전도	용의 그림에 눈동자를 찍다.
화룡점정	어떤 일을 하면 그에 맞는 결과가 생긴다.

2 뜻풀이를 보고, 해당하는 사자성어를 글자판에서 찾아 보세요.

뜻풀이

1. 제자가 스승보다 더 낫다.
2. 어떤 일이 생겼을 때, 그 상황에 맞춰 행동을 잘 바꾼다.
3. 한 가지 일로 두 가지 이익을 얻다.
4. 굳게 다짐한 마음이 오래 가지 못하다.
5. 필요할 때는 쓰고 필요 없으면 버린다.

일	석	이	조	청	화
복	작	등	응	출	설
양	심	고	타	어	토
죽	삼	점	유	람	사
전	일	공	모	객	구
임	기	응	변	관	팽

사자성어는 가로, 세로 형태로 숨어 있어요.

3 아래 사자성어 또는 속담의 의미와 관련이 있는 사자성어를 보기에서 골라 보세요.

| 보기 | 이심전심 | 일거양득 | 적반하장 | 조삼모사 | 타산지석 | 형설지공 |

1 꿩 먹고 알 먹기.   (   )

2 눈 가리고 아웅한다.   (   )

3 방귀 뀐 놈이 성낸다.   (   )

4 반면교사(反面敎師) : 반대되는 모습에서 교훈을 주는 스승.   (   )

5 심심상인(心心相印) : 마음과 마음이 서로 통하여 도장을 찍다.   (   )

6 주경야독(晝耕夜讀) : 낮에는 밭을 갈고 밤에는 책을 읽는다.   (   )

4 문제를 보고 어울리는 사자성어를 골라 보세요.

1 소정이와 은지는 어린 시절부터 함께 놀며 지금까지도 친하게 지내는 친구예요.

죽마고우 (   )
초지일관 (   )

2 팀의 점수가 가장 낮아 한 문제만 더 틀리면 탈락할 위기에 처했어요.

파죽지세 (   )
풍전등화 (   )

3 처음 마음먹은 대로 매주 한 권씩 책을 읽고 있다니, 참 꾸준하네요.

초지일관 (   )
풍전등화 (   )

4 2반은 모든 종목에서 거침없이 승리하며 종합 우승을 차지했어요.

죽마고우 (   )
파죽지세 (   )

똑똑함을 뽐낼
똘똘한
사자성어

61 각골난망

刻	骨	難	忘
새길 각	뼈 골	어려울 난	잊을 망

 한자 뜻 뼈에 새겨져 잊기 어렵다.

 뜻풀이 큰 은혜나 도움을 받아 그 고마움을 절대 잊지 않는 것.

 배경에 담긴 지혜

옛날에 한 사람이 아주 큰 도움을 받았어요. 그 사람은 도움을 준 이에게 너무나도 고마운 나머지 그 마음을 뼈에 새기듯이 오래도록 기억하기로 했어요. 마치 돌에 글씨를 새기면 쉽게 지워지지 않듯이, 그 고마운 마음을 깊이 새겼다고 해요. 이 이야기에서 '각골난망'이라는 말이 나왔어요. 이는 큰 은혜를 받고 그 고마움을 절대 잊지 않겠다는 마음을 비유한 표현이에요.

따라쓰기 각골난망의 뜻풀이를 따라 써보세요.

큰		은	혜	나		도	움	을		받	아		그
고	마	움	을		절	대		잊	지		않	는		것

낱말 뜻 은혜 : 누군가가 나에게 큰 도움을 주거나, 나를 잘 돌봐줘서 고맙게 느끼는 것.

찾아보기 각골난망의 뜻과 어울리는 문장을 찾아보세요.

1 마지막으로 준비운동만 하고, 수영장에 들어갑시다. ( )

2 구급대원이 아이를 구해 내자 아이의 부모는 은혜를 잊지 않겠다고 했어요. ( )

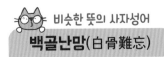 비슷한 뜻의 사자성어
백골난망(白骨難忘) 죽어서 백골이 되어도 잊기 어렵다는 뜻으로 누군가에게 받은 큰 은혜를 결코 잊지 않는다는 의미예요.

62 갑론을박

甲	論	乙	駁
첫 번째 갑	논할 론	두 번째 을	논박할 박

 한자 뜻 갑이 주장하면 을이 반박하다.

 뜻풀이 자신의 의견을 주장하고 남의 의견을 반박하다.

 배경에 담긴 지혜

'갑론을박'은 서로 자신의 생각을 내세우고 상대방의 의견에 반대하는 것을 뜻해요. '갑'이 먼저 말하고 '을'이 그에 대해 맞서며 서로 이야기하는 모습이에요. 친구의 생각을 존중하고 잘 듣는 연습을 통해 다양한 의견을 이해하는 것이 중요해요.

 따라쓰기 갑론을박의 뜻풀이를 따라 써보세요.

자	신	의		의	견	을		주	장	하	고		남	의
의	견	을		반	박	하	다	.						

낱말 뜻   주장하다 : 자신의 의견을 굳게 말하다.
반박하다 : 상대방의 주장, 생각에 반대하여 말하다.

찾아보기 갑론을박의 뜻과 어울리는 문장을 찾아보세요.

1 교통사고를 당할 뻔한 그를 도와 주자, 그는 계속 고맙다고 이야기했어요.   (   )

2 그녀는 보행자를 위해 횡단보도를 설치해야 한다며 그의 의견을 반박했어요. (   )

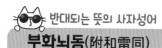 반대되는 뜻의 사자성어

부화뇌동(附和雷同)   천둥소리에 맞추어 함께 한다는 뜻으로 무조건 남의 의견에 따라 움직이는 것을 비유해요.

63 견원지간

犬	猿	之	間
개 견	원숭이 원	~의 지	사이 간

 한자 뜻 개와 원숭이 사이.

 뜻풀이 서로 사이가 좋지 않거나 미워하는 사이.

 배경에 담긴 지혜

옛날 중국에서는 개와 원숭이가 서로 사이가 나쁘다고 여겼어요. 그래서 사이가 좋지 않고 자주 다투는 관계를 '견원지간'이라고 표현합니다. 이 사자성어는 우리가 다른 사람과의 관계에서 서로의 차이를 이해하고 존중하는 것이 중요하다는 것을 가르쳐 줍니다.

따라쓰기 견원지간의 뜻풀이를 따라 써보세요.

서	로		사	이	가		좋	지		않	거	나		미
워	하	는		사	이	.								

낱말 뜻 사이 : ① 한 곳에서 다른 곳까지의 거리. ② 사람과 사람의 관계. ③ 시간적 여유.

찾아보기 견원지간의 뜻과 어울리는 문장을 찾아보세요.

1 두 사람은 서로 정말 싫은지, 만나기만 하면 말다툼을 해요. (   )

2 둘은 토론할 때는 서로 반박하다가도 토론이 끝나면 다시 친하게 지내요. (   )

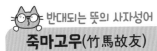 **반대되는 뜻의 사자성어**

죽마고우(竹馬故友) 대나무 말을 타고 놀던 옛 친구라는 뜻으로 어렸을 때부터 친한 친구를 가리켜요.

64 결자해지

結	者	解	之
맺을 결	사람 자	풀 해	그것 지

 한자 뜻 매듭을 묶은 사람이 그 매듭을 풀어야 한다.

 뜻풀이 문제를 만든 사람이 그 문제를 해결해야 한다.

 배경에 담긴 지혜

'결자해지'는 문제나 다툼이 생기면, 그 문제를 만든 사람이 먼저 해결해야 한다는 뜻이에요. 친구 사이에 오해가 생기면 그 오해를 만든 친구가 먼저 미안하다고 말하고, 풀어야 하는 거지요. 이렇게 자기 행동에 책임을 지는 것이 중요하답니다.

 따라쓰기 결자해지의 뜻풀이를 따라 써보세요.

문	제	를		만	든		사	람	이		그		문	제
를		해	결	해	야		한	다	.					

띄어쓰기 해결해야 한다 (O) ㅣ 해결해야한다 (X)

 찾아보기 결자해지의 뜻과 어울리는 문장을 찾아보세요.

1 선생님은 자신이 저지른 실수는 자신이 책임을 져야 한다고 말씀하셨어요. (   )

2 민혁이와 승민이는 같이 저지른 실수인데도 서로 남 탓을 하면서 싸웠어요. (   )

비슷한 뜻의 사자성어

자업자득(自業自得)
자신이 저지른 일의 대가는 자신이 받는다는 뜻이에요.

85

65 # 구사일생

 한자 뜻 아홉 번 죽을 뻔하다 한 번 살아난다.

 뜻풀이 아주 위험한 상황에서 간신히 살아남다.

九	死	一	生
아홉 구	죽을 사	하나 일	살 생

 ## 배경에 담긴 지혜

'구사일생'은 옛날 중국 문학에서 유래된 말로, 아주 위험한 상황에서 겨우 살아남았다는 뜻이에요. 시인 '굴원'의 작품에서 "아홉 번 죽을 뻔했다."라는 표현이 사용되었어요. 이 말은 큰 어려움 속에서도 포기하지 않고 노력하면 살아남을 수 있다는 교훈을 줘요.

 따라쓰기 구사일생의 뜻풀이를 따라 써보세요.

아	주		위	험	한		상	황	에	서		간	신	히
살	아	남	다	.										

띄어쓰기 여러 번 (O) | 여러번 (X)

찾아보기 구사일생의 뜻과 어울리는 문장을 찾아보세요.

1 전쟁은 절대 안 됩니다. 전쟁이 터지면 모든 사람이 불행해질 뿐이에요. (   )

2 할아버지는 전쟁 때문에 죽을 고비가 많았지만, 겨우 살아남았다고 하셨어요. (   )

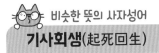 비슷한 뜻의 사자성어
기사회생(起死回生)

죽어가던 사람이 다시 살아난다는 뜻으로, 거의 불가능해 보였던 상황이 기적적으로 다시 좋아지는 것을 의미해요.

66 금상첨화

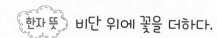

錦	上	添	花
비단 금	윗 상	더할 첨	꽃 화

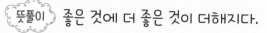

한자 뜻 〉 비단 위에 꽃을 더하다.

뜻풀이 〉 좋은 것에 더 좋은 것이 더해지다.

 배경에 담긴 지혜

'금상첨화'는 이미 좋은 것에 더 좋은 것이 더해져 더 훌륭해진다
는 뜻이에요. 옛날 중국 송나라 때 시인 '왕안석'이 쓴 시에서 유
래되었어요. 비단 위에 꽃을 더하는 것처럼, 이미 즐거운 자리에
노래가 더해져 더욱 즐거워지는 상황을 나타내요. 예를 들어, 친
구와 함께 놀고 있을 때 맛있는 간식까지 나온다면 '금상첨화'라
고 할 수 있어요.

따라쓰기 금상첨화의 뜻풀이를 따라 써보세요.

좋	은		것	에		더		좋	은		것	이		더
해	지	다	.											

낱말 뜻 더하다 : ① 기준보다 정도가 더 심하다. ② 더 늘리거나 많게 하다.

찾아보기 금상첨화의 뜻과 어울리는 문장을 찾아보세요.

1 엄마는 운전도 잘하는데 교통 신호도 잘 지켜서 사고가 난 적이 없어요. ( )

2 아빠는 사고를 당했지만, 안전 규칙을 잘 지켜서 다치지 않았어요. ( )

반대되는 뜻의 사자성어
설상가상(雪上加霜) 눈 위에 서리가 더해진다는 뜻으로 불행한 일이 계속해서 일어나는 것
을 비유해요.

기고만장

氣	高	萬	丈
기운 기	높을 고	일만 만	길이단위 장

 한자 뜻 기세가 매우 높다.

 뜻풀이 일이 뜻대로 잘되어 뽐내는 기세가 대단하다. 겸손하지 못하다.

 배경에 담긴 지혜

'기고만장'은 기운이 하늘까지 높이 올라간다는 뜻이에요. 아주 기쁜 일이 있거나 성공해서 기분이 최고일 때 쓰는 말이에요. 하지만 이 말은 너무 자만해서 우쭐대는 모습을 나타내기도 해요. 예를 들어 시험에서 1등을 한 후 기고만장해져 친구들 앞에서 너무 자랑하면 친구들이 싫어할 수 있어요. 그래서 기쁨은 나누되 겸손해야 한다는 걸 알려주는 말이에요.

따라쓰기 기고만장의 뜻풀이를 따라 써보세요.

일	이		뜻	대	로		잘	되	어		뽐	내	는	
기	세	가		대	단	하	다	.						

낱말 뜻 기세 : 기운차게 뻗치는 태도. | 기운 : 생물이 살아 움직이는 힘.

찾아보기 기고만장의 뜻과 어울리는 문장을 찾아보세요.

1 선생님은 아는 것이 많은데도 항상 겸손하게 말씀하셔서 정말 좋아요. ( )

2 시험에서 높은 점수를 받은 준호는 친구들 앞에서 큰소리로 자랑했어요. ( )

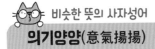 비슷한 뜻의 사자성어
의기양양(意氣揚揚) 기운이 날아갈 것 같다는 뜻으로 일이 원하는 대로 잘되어 매우 만족하는 것을 비유해요.

68 난공불락

 한자 뜻 공격하기가 어렵고 무너지지 않는다.

 뜻풀이 장소나 의지가 강해 무너지지 않거나 목표 달성이 어려움.

難	攻	不	落
어려울 난	공격할 공	아닐 불	떨어질 락

 ## 배경에 담긴 지혜

'난공불락'은 공격하기 어려워 무너지지 않는다는 뜻으로 매우 튼튼한 상태를 설명할 때 사용돼요. <삼국지연의>라는 책에서 '제갈공명'이 진창성을 여러 번 공격했지만, 그 성을 차지하지 못하자 이 말을 하며 한숨을 쉬었다고 해요. 이 말은 쉽게 무너지지 않는 장소나 사람의 강인한 마음, 목표를 이루기가 어려움을 나타낼 때 쓰여요.

따라쓰기 난공불락의 뜻풀이를 따라 써보세요.

장	소	나		의	지	가		강	해		무	너	지	지
않	거	나		목	표		달	성	이		어	려	움	.

낱말 뜻
이기다 : 내기, 시합 등에서 실력을 겨루어 승리하다.
비기다 : 실력이 비슷해서 승부를 가리지 못하다.

찾아보기 난공불락의 뜻과 어울리는 문장을 찾아보세요.

1 상대 선수는 약점이 보이지 않아서, 이기기가 매우 힘들 것 같았어요.   (   )

2 그 선수는 그렇게 강해 보이지도 않는데 항상 당당한 태도를 보여요.   (   )

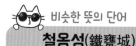 비슷한 뜻의 단어
철옹성(鐵甕城) 쇠로 만든 항아리처럼 튼튼하게 쌓은 산성이라는 뜻으로 어떤 공격에도 끄떡없는 아주 튼튼한 성을 말해요.

69 난형난제

難	兄	難	弟
어려울 난	형 형	어려울 난	아우 제

 한자 뜻 누가 형이고 아우인지 알기가 어렵다.

 뜻풀이 둘의 실력이 매우 비슷하다.

배경에 담긴 지혜

중국 후한의 학자 '진식'에게는 아들 '진기'와 '진심'이 있었어요. 두 아들 모두 똑같이 뛰어난 인물이었지요. '진식'조차도 둘 중 누가 더 뛰어난지 정하지 못할 정도였어요. 이처럼 '난형난제'는 누가 더 낮다고 말하기 어려운 상황을 뜻해요. 오늘날에도 두 사람이나 사물의 우열*을 정하기 어려울 정도로 서로 비슷한 수준임을 나타낼 때 사용되고 있어요.

*우열 : 누가 더 뛰어난지와 덜 뛰어난지를 가리는 것.

 따라쓰기 난형난제의 뜻풀이를 따라 써보세요.

둘	의		실	력	이		매	우		비	슷	하	다	.

낱말 뜻 매우 : 보통보다 훨씬 뛰어넘는 정도.

찾아보기 난형난제의 뜻과 어울리는 문장을 찾아보세요.

1 우리의 응원 덕분인지 우리 팀이 큰 점수 차이로 상대 팀을 이겼어요.　（　　）

2 우리 팀과 상대 팀이 열심히 싸웠지만, 결국 경기는 비기고 말았어요.　（　　）

비슷한 뜻의 사자성어
막상막하(莫上莫下) 위와 아래가 없다는 뜻으로 실력이 비슷해 잘하고 못함을 정하기 힘든 것을 말해요.

70

낭중지추

 한자 뜻 주머니 속에 있는 송곳.

 뜻풀이 재능이 뛰어난 사람은 저절로 알려진다.

囊	中	之	錐
주머니 낭	속 중	~의 지	송곳 추

 배경에 담긴 지혜

중국 조나라의 '평원군'이 초나라에 도움을 구하러 갈 때 '모수'가 자신도 데려가 달라고 했어요. '평원군'은 재능이 뛰어난 사람은 주머니 속 송곳처럼 끝이 드러나는데, '모수'는 그렇지 않다고 했지요. 그러자 '모수'는 "주머니 속에 넣어 주면 제 끝과 자루까지 드러날 겁니다."라고 말하며 자신감을 보였어요. '평원군'은 그의 말을 듣고 '모수'를 데려갔고 '모수' 덕분에 큰 도움을 받을 수 있었어요. 여기서 '낭중지추'라는 말이 나왔어요.

따라쓰기 낭중지추의 뜻풀이를 따라 써보세요.

재	능	이		뛰	어	난		사	람	은		저	절	로
알	려	진	다	.										

낱말 뜻 뛰어나다 : 남보다 훨씬 훌륭하다. | 뛰다 : 발을 빠르게 움직여 빨리 나아가다.

띄어쓰기 뛰어난 (O) | 뛰어 난 (X)

찾아보기 낭중지추의 뜻과 어울리는 문장을 찾아보세요.

1 혜지는 노래를 못하는 척했지만, 목소리만 들어도 실력을 알 수 있었어요. (　　)

2 아름이와 수정이 모두 노래를 잘 해서 대표를 정하기가 정말 어려웠어요. (　　)

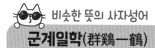 **비슷한 뜻의 사자성어**

군계일학(群鷄一鶴) 닭 무리 속 한 마리의 학이라는 뜻으로 사람들 사이에서 홀로 뛰어난 사람을 말해요.

71 # 다재다능

多	才	多	能
많을 다	재주 재	많을 다	능력 능

 한자 뜻 재주가 많고 능력이 많다.

 뜻풀이 재주와 능력이 많고 뛰어난 사람.

🌳 배경에 담긴 지혜

'다재다능'에 관한 유래는 명확하게 전해지는 것은 없지만, 과거에도 뛰어난 인물이 많았던 만큼, 오래전부터 꾸준히 사용되어 온 사자성어예요. 오늘날에도 재주와 능력이 뛰어나 다양한 분야에서 활약하는 사람을 표현할 때 사용해요.

따라쓰기 다재다능의 뜻풀이를 따라 써보세요.

재	주	와		능	력	이		많	고		뛰	어	난	
사	람	.												

낱말 뜻 재주 : ① 무엇을 잘 할 수 있는 실력. ② 어떤 일에 대처하는 방법.

찾아보기 다재다능의 뜻과 어울리는 문장을 찾아보세요.

1 현준이는 공부도 잘하고 운동도 잘해서 인기가 많아요. ( )

2 은성이는 티를 내지 않지만 말하는 것만 봐도 모르는 게 없어 보였어요. ( )

 비슷한 뜻의 사자성어

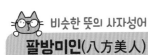 **팔방미인(八方美人)** 여덟 방향에서 봐도 아름다운 사람이라는 뜻으로 매우 뛰어난 사람을 가리켜요.

72 당랑거철

螳	螂	拒	轍
사마귀 당	사마귀 랑	막을 거	바퀴자국 철

 한자 뜻 사마귀가 수레바퀴를 막다.

 뜻풀이 자신의 능력을 모르고 무모하게 행동하는 것.

배경에 담긴 지혜

'당랑거철'은 중국 제나라 '장공'이 수레를 타고 사냥을 나가는데, 사마귀가 앞발을 들고 수레바퀴를 멈추려 했다는 데서 유래했어요. '장공'은 사마귀가 사람이었다면 무서운 장수가 되었을 것이라고 말했어요. '장공'은 사마귀의 용기에 대해 칭찬했지만 이 표현은 자신의 능력을 모르고 강한 상대에게 덤비는 사람을 가리키는 말로 사용돼요.

따라쓰기 당랑거철의 뜻풀이를 따라 써보세요.

자	신	의		능	력	을		모	르	고		무	모	하
게		행	동	하	는		것	.						

낱말 뜻 덤비다 : ① 마구 대들거나 달려들다. ② 무엇을 이루려고 적극적으로 뛰어들다.
무모하다 : 깊이 생각하는 능력이나 꾀가 없다.

찾아보기 당랑거철의 뜻과 어울리는 문장을 찾아보세요.

1 그 선수는 갑자기 세계 신기록 보유자에게 도전을 신청했어요.　　　(　　)

2 승우는 운동을 잘할 뿐만 아니라 머리가 똑똑한 것으로도 유명해요.　　　(　　)

 비슷한 뜻의 속담
하룻강아지 범 무서운 줄 모른다. 자신의 능력을 모르고 강한 상대에게 함부로 덤빈다는 뜻이에요.

명실상부

 한자 뜻 이름과 실제가 서로 맞다.

뜻풀이 명성과 그 실제 실력이 서로 맞다.

名	實	相	符
이름 명	실제 실	서로 상	맞을 부

 ## 배경에 담긴 지혜

'명실상부'는 위나라 왕 '조조'가 '왕수'에게 쓴 편지에서 나오는 말이에요. '조조'는 '왕수'가 몸과 마음을 깨끗이 해서 명성을 날렸고 충성심과 능력으로 업적을 이루어 아름다운 말을 들으니, 이름과 실제가 서로 맞고 뛰어나다고 칭찬했지요. 이때 이름과 실세가 서로 맞다는 것에서 '명실상부'가 유래됐어요.

따라쓰기 명실상부의 뜻풀이를 따라 써보세요.

명	성	과		그		실	제		실	력	이		서	로
맞	다	.												

낱말 뜻 명성 : 세상에 널리 퍼져 유명한 이름.

찾아보기 명실상부의 뜻과 어울리는 문장을 찾아보세요.

1 유진이는 미국 사람이라는 별명을 가질 정도로 영어를 정말 잘 해요. (   )

2 이제 막 알파벳을 배운 동생이 영어 단어 맞히기 시합을 하자고 했어요. (   )

반대되는 뜻의 사자성어
유명무실(有名無實) 이름만 있고 실속은 없다는 뜻으로 명성에 비해 실제 능력은 없는 것을 비유해요.

74 문전성시

門	前	成	市
문 문	앞 전	이룰 성	시장 시

 한자 뜻 문 앞이 시장을 이루다.

 뜻풀이 찾아오는 사람이 매우 많다.

 ## 배경에 담긴 지혜

옛날 중국에 '정숭'이라는 사람이 있었어요. '정숭'은 정직하고 많은 사람에게 존경받는 신하로, 그의 집 앞은 그를 만나려는 사람들로 항상 시장처럼 붐볐다고 해요. 이렇게 사람이 많이 모이는 것을 '문전성시'라고 해요.

 따라쓰기 문전성시의 뜻풀이를 따라 써보세요.

찾	아	오	는		사	람	이		매	우		많	다	.

낱말 뜻 찾다 : 주변에 없는 것을 얻으려고 여기저기 살피다.
차다(찼다) : 발을 뻗어 지르거나 사람을 치다.

띄어쓰기 찾아오는 (O) | 찾아 오는 (X)

 찾아보기 문전성시의 뜻과 어울리는 문장을 찾아보세요.

1 선생님은 '천사'라는 별명이 붙을 정도로 학생들에게 친절해요. ( )

2 그 식당은 너무 인기가 많아서, 매일 문을 열자마자 사람들이 줄을 서요. ( )

비슷한 뜻의 사자성어
인산인해(人山人海) 사람이 산과 바다를 이룬다는 뜻으로 사람이 아주 많이 모여있는 것을 비유하는 표현이에요.

박장대소

拍	掌	大	笑
칠 박	손바닥 장	클 대	웃을 소

한자 뜻 손뼉을 치면서 크게 웃다.

뜻풀이 손뼉을 치면서 크게 웃다.

 배경에 담긴 지혜

'박장대소'는 손뼉을 치면서 크게 웃는 모습을 가리키는 사자성어예요. 웃음은 인간의 기본적인 감정 중 하나이며, 건강과도 깊은 관련이 있을 정도로 중요하지요. 옛날 사람들도 웃음의 중요성을 알고, 오래전부터 이 사자성어를 활용했어요. 이 말의 구체적인 유래는 알려지지 않았지만 오늘날에도 일상 속에서 많이 쓰는 표현이에요.

따라쓰기 박장대소의 뜻풀이를 따라 써보세요.

손	뼉	을		치	면	서		크	게		웃	다	.	

낱말 뜻 치다 : 손이나 가지고 있는 물건으로 세게 때리거나 두드리다.

찾아보기 박장대소의 뜻과 어울리는 문장을 찾아보세요.

1 창우의 이야기를 들으려고 쉬는 시간에 찾아오는 다른 반 애들도 많아요.　(　　)

2 현지의 이야기가 너무 재미있어서 친구들은 책상을 두드리며 크게 웃었어요.(　　)

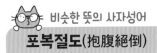 비슷한 뜻의 사자성어
포복절도(抱腹絕倒)　배를 안고 넘어진다는 뜻으로 배를 잡고 넘어질 정도로 크게 웃는 모습을 비유해요.

76 박학다식

博	學	多	識
넓을 박	배울 학	많을 다	알 식

 한자 뜻 배움이 넓고 아는 것이 많다.

 뜻풀이 아는 것이 많고 매우 뛰어나다.

 배경에 담긴 지혜

'박학'은 넓은 지식, '다식'은 많은 지식을 말하는데, 이 두 단어가 합쳐져서 '박학다식'이라는 표현이 만들어졌어요. 고대 중국의 학자들이 넓은 지식과 많은 지식을 겸비한 이상적인 학자의 모습을 나타내기 위해 만든 표현이라고 해요. 오늘날에도 아는 것이 많고 뛰어난 사람을 가리킬 때 이 사자성어를 사용해요.

 따라쓰기 박학다식의 뜻풀이를 따라 써보세요.

아	는		것	이		많	고		매	우		뛰	어	나
다	.													

낱말 뜻   알다 : 물건, 상황 등에 대한 정보나 지식이 있다.
앓다 : 병에 걸려서 아파하거나 괴로워하다.

찾아보기 박학다식의 뜻과 어울리는 문장을 찾아보세요.

1 형식이는 평소에도 책을 많이 읽어서 그런지 아는 것이 아주 많아요. (   )

2 준성이는 얘기를 재미있게 하는 재주가 있어서 항상 큰 웃음을 줘요. (   )

반대되는 뜻의 속담
낫 놓고 기역 자도 모른다.   기역 자 모양의 낫을 보고도 기역 자를 모른다는 뜻으로 아주 쉬운 것도 모르는 사람을 비유해요.

77 반신반의

 한자 뜻 반쯤 믿고 반쯤 의심하다.

 뜻풀이 어느 정도는 믿지만, 한편으로는 의심하다.

半	信	半	疑
반 반	믿을 신	반 반	의심할 의

 ## 배경에 담긴 지혜

'반신반의'는 어떤 이야기를 듣고 반은 믿고 반은 의심하는 마음을 뜻해요. 역사적으로 <삼국지>나 '공자', '노자'의 책에서도 이런 상황이 자주 그려졌어요. 오늘날에도 사람들이 놀라운 사실을 들을 때 이 표현을 사용해요. 이는 믿고 싶지만 완전히 믿기 어려울 때의 마음을 잘 나타내는 말이에요.

따라쓰기 반신반의의 뜻풀이를 따라 써보세요.

어	느		정	도	는		믿	지	만	,	한	편	으	로
는		의	심	하	다	.								

낱말 뜻 의심하다 : 확실히 알 수 없어서 믿지 못하다.

띄어쓰기 어느 정도는 (O) | 어느정도는 (X)

찾아보기 반신반의의 뜻과 어울리는 문장을 찾아보세요.

1 TV 프로그램의 내용이 실제 있었던 일이라고 하는데, 약간 의심이 가요. (   )

2 TV 프로그램의 진행자는 말도 잘 하지만, 아는 것도 정말 많은 것 같아요. (   )

반대되는 뜻의 사자성어

무신불립(無信不立) 믿음이 없으면 일어서기 힘들다는 뜻으로 믿음이 매우 중요함을 가리켜요.

78 반포지효

反	哺	之	孝
되돌릴 반	먹일 포	~의 지	효도 효

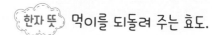 한자 뜻) 먹이를 되돌려 주는 효도.

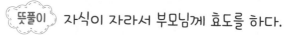 뜻풀이) 자식이 자라서 부모님께 효도를 하다.

배경에 담긴 지혜

중국 진나라 왕은 '이밀'에게 벼슬을 주려고 했어요. 하지만 '이밀'은 하찮은 까마귀도 자라면 어미에게 먹이를 주며 보답하는 습성이 있다며, 자신을 키워준 할머니를 보살필 수 있게 도와달라며 벼슬을 거절했지요. 이처럼 '반포지효'는 '이밀'이 까마귀를 예로 들며 벼슬을 거절한 것에서 유래되었어요.

따라쓰기) 반포지효의 뜻풀이를 따라 써보세요.

자	식	이		자	라	서		부	모	님	께		효	도
를		하	다	.										

찾아보기) 반포지효의 뜻과 어울리는 문장을 찾아보세요.

1 이모가 어렸을 때 말썽을 많이 피웠다고 하는데 믿기지 않아요.   (   )

2 삼촌은 첫 월급을 받자 할아버지와 할머니께 선물을 사 드렸어요.   (   )

비슷한 뜻의 사자성어
반포보은(反哺報恩)   자식이 자라서 어버이의 은혜를 갚는 효성을 말해요.

백발백중

百	發	百	中
일백 백	쏠 발	일백 백	맞힐 중

 한자 뜻 백 번 쏴서 백 번 맞힌다.

 뜻풀이 정확하게 목표를 맞히다.
실수 없이 완벽하게 목표를 달성하다.

 배경에 담긴 지혜

초나라 장수 '양유기'는 활을 정말 잘 쐈어요. 반란을 일으킨 투월초와의 활쏘기 시합에서 '양유기'는 뛰어난 솜씨로 그를 이겨 반란을 진압했어요. <사기>에서도 '양유기'가 백 번 화살을 쏴서 백 번 모두 명중시킬 정도로 활을 잘 쐈다고 해요. 여기에서 '백발백중'이라는 표현이 나왔고, 오늘날에는 모든 일이 계획대로 잘 들어맞을 때에도 이 사자성어를 써요.

따라쓰기 백발백중의 뜻풀이를 따라 써보세요.

정	확	하	게		목	표	를		맞	히	다	.			

낱말 뜻 맞히다 : 물체를 던지거나 쏴서 닿게 하다.
맞추다 : ① 떨어져 있는 것을 맞게 붙이다. ② 어긋남이 없게 하다.

찾아보기 백발백중의 뜻과 어울리는 문장을 찾아보세요.

① 정인이는 퀴즈 문제가 나오면 하나도 틀리지 않고 다 맞혔어요. (   )

② 지현이는 상금을 받아 부모님께 드리려고 퀴즈 프로그램에 참가했어요. (   )

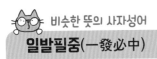 비슷한 뜻의 사자성어
일발필중(一發必中) 한 번 쏘면 반드시 맞힌다는 뜻이에요.

80 백전백승

百	戰	百	勝
일백 백	싸울 전	일백 백	이길 승

 한자 뜻 백 번 싸워서 백 번 이기다.

 뜻풀이 여러 번의 시도에서 항상 성공하거나 이기다.

배경에 담긴 지혜

'백전백승'은 중국의 고전에서 자주 사용되는 말이에요. 많은 전투에서 모두 승리한 것을 의미해요. 이 표현은 꾸준히 노력하고 준비하여 여러 번의 도전에서 항상 성공하는 것을 뜻해요. 실패를 두려워하지 않고 잘 준비하면 목표를 달성할 수 있다는 교훈을 줍니다.

따라쓰기 백전백승의 뜻풀이를 따라 써보세요.

여	러		번	의		시	도	에	서		항	상		성
공	하	거	나		이	기	다	.						

찾아보기 백전백승의 뜻과 어울리는 문장을 찾아보세요.

1 그 팀은 시합 때마다 항상 이겨서 강력한 우승 후보로 보고 있어요.　　　(　　　)

2 희준이는 시합 때마다 어느 팀이 이길지 잘 맞혀서, 별명이 '예언가'예요.　(　　　)

 비슷한 뜻의 사자성어

승승장구(乘勝長驅)　　승리의 기운을 타서 몰아붙인다는 뜻이에요.

101

사자성어 실전 테스트

1 사자성어의 뜻을 찾아 선으로 이어 보세요.

각골난망 ●	● 문 앞이 시장을 이루다.
금상첨화 ●	● 비단 위에 꽃을 더하다.
난공불락 ●	● 뼈에 새겨져 잊기 어렵다.
문전성시 ●	● 백 번 쏴서 백 번 맞힌다.
백발백중 ●	● 공격하기가 어렵고 무너지지 않는다.

2 뜻풀이를 보고, 해당하는 사자성어를 글자판에서 찾아 보세요.

뜻풀이

1. 서로 사이가 좋지 않거나 미워하는 사이.
2. 여러 번의 시도에서 항상 성공하거나 이기다.
3. 둘의 실력이 매우 비슷하다.
4. 명성과 그 실제 실력이 서로 맞다.
5. 어느 정도는 믿지만, 한편으로는 의심하다.

견	반	신	반	의	중
원	박	생	각	효	명
지	백	견	실	의	실
간	전	성	발	다	상
론	백	해	부	첨	부
락	승	난	형	난	제

사자성어는 가로, 세로 형태로 숨어 있어요.

102

3 아래 사자성어 또는 속담의 의미와 관련이 있는 사자성어를 보기에서 골라 보세요.

보기	결자해지	구사일생	기고만장	다재다능	당랑거철	박장대소

1 하룻강아지 범 무서운 줄 모른다.   (　　　　　)

2 포복절도(抱腹絕倒) : 배를 안고 넘어진다.   (　　　　　)

3 의기양양(意氣揚揚) : 뜻과 기운이 높이 올라간다.   (　　　　　)

4 기사회생(起死回生) : 죽음에서 일어나 다시 살아난다.   (　　　　　)

5 팔방미인(八方美人) : 여덟 방향에서 아름다운 사람.   (　　　　　)

6 자업자득(自業自得) : 자신이 한 일의 결과를 스스로 얻는다.   (　　　　　)

4 문제를 보고 어울리는 사자성어를 골라 보세요.

1 그 해결책을 두고 양쪽 편이 서로 자기 의견을 말하며 열심히 토론했어요.
     갑론을박 (　　　)
     박학다식 (　　　)

2 예진이는 어릴 때부터 다양한 책을 읽어서 모르는 것이 없을 정도로 아는 게 많아요.
     낭중지추 (　　　)
     박학다식 (　　　)

3 철수는 부모님의 사랑에 보답하려고 용돈을 모아 선물을 드렸어요.
     갑론을박 (　　　)
     반포지효 (　　　)

4 효주는 조용히 있었지만, 발표를 시작하자마자 숨겨진 실력이 드러났어요.
     낭중지추 (　　　)
     반포지효 (　　　)

81 부화뇌동

附	和	雷	同
따를 부	어울릴 화	천둥 뇌	같을 동

 한자 뜻 천둥소리처럼 동일하게 따라간다.

 뜻풀이 자신의 의견 없이 남의 의견이나 행동을 그대로 따른다.

 배경에 담긴 지혜

'부화뇌동'은 <예기>와 <논어>에서 나온 표현이에요. <예기>에서는 다른 사람의 의견을 그냥 따라가거나 무조건 찬성하지 말라고 가르쳐요. <논어>에서는 좋은 사람은 다른 사람과 잘 지내지만 그냥 따라만 가지는 않는다. 나쁜 사람은 무조건 따라만 다닌다고 했어요. '부화뇌동'은 다른 사람의 의견을 무비판적으로 따라가는 걸 말하며, 오늘날에도 많이 쓰이는 말이에요.

따라쓰기 부화뇌동의 뜻풀이를 따라 써보세요.

자	신	의		의	견		없	이		남	의		의	견
이	나		행	동	을		그	대	로		따	른	다	.

낱말 뜻 의견 : 무엇에 대해 가지는 생각. | 이견 : 어떤 생각에 대한 다른 생각이나 의견.

찾아보기 부화뇌동의 뜻과 어울리는 문장을 찾아보세요.

1. 우리 반은 달리기 시합 때마다 항상 이겼으니까 이번에도 이길 거예요. (　　)

2. 달리기 순서를 정할 때 희수는 친구들이 정한 순서에 따르기로 했어요. (　　)

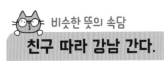 비슷한 뜻의 속담
친구 따라 강남 간다. 　자신의 주장 없이 남이 하자는 대로 한다는 뜻이에요.

82 분골쇄신

粉	骨	碎	身
가루 분	뼈 골	부술 쇄	몸 신

 한자 뜻 뼈를 가루로 만들고 몸을 부수다.

 뜻풀이 몸과 마음을 다해 정성으로 노력하다.

 ## 배경에 담긴 지혜

중국의 작가 '장방'이 쓴 <곽소옥전>에는 "몸이 부서져 뼈가 가루가 돼도 그대를 버리지 않겠다."라는 내용이 있어요. 이때 몸이 부서져 뼈가 가루가 된다는 내용을 '분골쇄신'이라고 표현했지요. 오늘날에는 온몸을 다해 노력하는 모습을 비유할 때 이 사자성어를 써요.

따라쓰기 분골쇄신의 뜻풀이를 따라 써보세요.

몸	과		마	음	을		다	해		정	성	으	로	
노	력	하	다	.										

낱말 뜻
다하다 : 어떤 것이 끝나거나 남아 있지 않다.
가하다 : ① 더해서 늘리다. ② 무엇을 하도록 하다.

찾아보기 분골쇄신의 뜻과 어울리는 문장을 찾아보세요.

1 이번 시험에서 일등을 하기 위해 밤을 새우며 열심히 공부했어요.　　　(　　)

2 곧 시험이지만 PC방에 가자는 친구의 권유를 거절하기가 힘들었어요　　(　　)

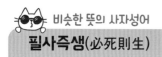 비슷한 뜻의 사자성어
필사즉생(必死則生)　반드시 죽겠다고 각오하면 살아남는다는 뜻으로 죽음을 각오하고 온 힘을 다할 때 성공할 수 있다는 의미예요.

83 비몽사몽

非	夢	似	夢
아닐 비	꿈 몽	닮을 사	꿈 몽

한자 뜻 꿈이 아니지만 꿈과 비슷하다.

뜻풀이 꿈인지 현실인지 구분하기가 어렵다.
잠에서 못 깨 정신이 멀쩡하지 않다.

배경에 담긴 지혜

'비몽사몽'은 꿈인지 현실인지 어렴풋한 상태를 나타내는 말이에요. 이 표현의 유래는 명확하지 않지만 중국 옛이야기 책에 비슷한 의미의 '사몽비몽(似夢非夢)'이라는 표현이 있어서 영향을 받았을 가능성이 있어요. 그래서 꿈인지 생시*인지 모를 때 이런 표현을 시용해요.

*생시 : 사람이 깨어 있는 시간

따라쓰기 비몽사몽의 뜻풀이를 따라 써보세요.

꿈	인	지		현	실	인	지		구	분	하	기	가
어	렵	다	.										

낱말 뜻 구분하다 : 전체를 기준에 따라 몇 개로 나누다.
구별하나 : 둘 이상의 사물을 차이에 따라 나누나.

찾아보기 비몽사몽의 뜻과 어울리는 문장을 찾아보세요.

1 지훈이는 새벽까지 게임을 해서 수업 시간에 정신을 차리지 못했어요.   (   )

2 영호는 학원까지 다니느라 피곤한데도 선생님의 말씀을 집중해서 들어요.   (   )

비슷한 뜻의 사자성어
사몽비몽(似夢非夢)   꿈인지 현실인지 구분하기 어렵다는 뜻이에요.

84 사리사욕

 한자 뜻 개인적인 이익과 욕심.

 뜻풀이 개인 또는 자신만을 위한 이익과 욕심.

私	利	私	慾
사사로울 사	이익 리	사사로울 사	욕심 욕

 배경에 담긴 지혜

학자들은 이상적인 삶의 태도 중 하나로 '사리사욕'이 없는 삶을 말하기도 했어요. '사리사욕'은 인간의 욕심을 나타내는 표현으로 자신의 이익만을 생각하는 사람을 가리킬 때 많이 쓰여요.

따라쓰기 사리사욕의 뜻풀이를 따라 써보세요.

개	인		또	는		자	신	만	을		위	한		이
익	과		욕	심	.									

낱말 뜻 개인 : 사회, 단체를 이루는 사람 한 명.
단체 : 같은 목적을 이루기 위해 모인 사람들의 조직.

찾아보기 사리사욕의 뜻과 어울리는 문장을 찾아보세요.

1️⃣ 지수는 시험 준비를 너무 많이 하다가 결국 체력이 떨어져 아팠어요.　　(　)

2️⃣ 수연이는 친구들과 함께 나눠 먹을 음식을 혼자 다 먹으려고 했어요.　　(　)

반대되는 뜻의 사자성어
상부상조(相扶相助)　서로 돕는다는 뜻으로 서로 협력하고 도우며 함께 잘 살아가려는 태도를 의미해요.

85 사상누각

 한자 뜻 모래 위에 높이 지은 집.

 뜻풀이 기초가 부실해 금방 무너질 것 같은 일.

沙	上	樓	閣
모래 사	윗 상	다락 루	집 각

 ## 배경에 담긴 지혜

'사상누각'은 중국의 옛 시에서 유래된 표현이에요. 이 표현은 "사상(砂上)에서 누각(樓閣)을 세운다."라는 구절에서 나왔어요. 시에서는 모래 위에 높이 세운 건물은 불안정하고 쉽게 무너질 수 있다는 뜻으로 쓰였지요. 그래서 '사상누각'은 기초가 약하거나 실현하기 어려운 상황을 의미해요. 또한 겉만 화려하고 실속이 없는 것을 나타낼 때도 사용해요.

따라쓰기 사상누각의 뜻풀이를 따라 써보세요.

기	초	가		부	실	해		금	방		무	너	질	
것		같	은		일	.								

낱말 뜻 부실하다 : ① 몸, 마음, 물건 등이 튼튼하지 못하고 약하다. ② 내용에 실속이 없다.

찾아보기 사상누각의 뜻과 어울리는 문장을 찾아보세요.

1 승기는 바쁘다면서 자신이 해야 할 모둠 과제를 나한테 떠넘겼어요. ( )

2 선우는 영어 단어도 모르면서 영어 회화를 할 수 있다고 자신만만했어요. ( )

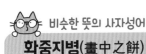 비슷한 뜻의 사자성어

화중지병(畫中之餠) 그림 속의 떡이라는 뜻으로 보기에는 멋져 보이지만 실제로는 먹을 수도 없고 쓸모가 없는 것을 말해요.

86 삼고초려

三	顧	草	廬
셋 삼	돌아볼 고	풀 초	집 려

 한자 뜻 초가집을 세 번 돌아보다/찾아가다.

 뜻풀이 뛰어난 사람을 얻기 위해 여러 번 노력하다.

 배경에 담긴 지혜

중국 삼국 시대에 '유비'는 '제갈량'을 자신의 좋은 조언자로 모시고 싶어 했어요. '유비'가 '제갈량'의 집에 처음 갔을 때 그는 집에 없었고, 두 번을 더 가서 결국 만났다고 해요. '제갈량'은 '유비'가 세 번이나 찾아온 진심에 감동했어요. 그래서 그를 도와주기로 했답니다. 이렇게 '유비'가 세 번이나 '제갈량'의 집을 찾아갔다는 이야기에서 '삼고초려'가 유래됐어요.

따라쓰기 삼고초려의 뜻풀이를 따라 써보세요.

뛰	어	난		사	람	을		얻	기		위	해		여
리		번		노	력	하	다	.						

찾아보기 삼고초려의 뜻과 어울리는 문장을 찾아보세요.

1 감독은 그 선수를 팀으로 끌어들이기 위해 정성을 다해 노력했어요. (　　)

2 동석이는 팀원과의 호흡은 좋았지만, 체력이 약해 성적이 좋지 않았어요. (　　)

 비슷한 뜻의 사자성어

초려삼고(草廬三顧), 삼고지례(三顧之禮) 인재를 맞아들이기 위해 정성을 다해 노력한다는 뜻이에요.

87 속수무책

束	手	無	策
묶을 속	손 수	없을 무	방법 책

 한자 뜻 손이 묶여 방법이 없다.

 뜻풀이 대책이 없어서 아무것도 못 하고 있다.

 배경에 담긴 지혜

사람은 살다 보면 어쩔 수 없는 위기를 겪기도 해요. 더군다나 위기를 갑작스럽게 겪으면, 당황하여 아무것도 못 하게 되는 경우도 많지요. '속수무책'은 갑작스럽게 위기를 겪어 아무것도 못 하는 모습을 잘 비유한 사자성어예요.

 따라쓰기 속수무책의 뜻풀이를 따라 써보세요.

대	책	이		없	어	서		아	무	것	도		못	
하	고		있	다	.									

낱말 뜻 대책 : 어떤 일에 대처할 계획 또는 수단. | 대비 : 어떤 일에 대응하기 위해 미리 준비함.

띄어쓰기 아무것도 (O) | 아무 것도 (X)

찾아보기 속수무책의 뜻과 어울리는 문장을 찾아보세요.

1️⃣ 대회에 참여하기 위해 기타를 잘 치는 서준이를 몇 번이나 설득했어요. ( )

2️⃣ 첫 공연이라 열심히 준비했는데 폭우로 취소되어 어쩔 도리가 없었어요. ( )

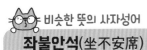 비슷한 뜻의 사자성어

좌불안석(坐不安席) 앉아도 편안하지 않다는 뜻으로 어떤 상황이나 문제로 인해 불안해하는 상태를 의미해요.

88 수수방관

袖	手	傍	觀
소매수	손수	옆방	볼관

 한자 뜻) 손을 소매에 넣고 곁에서 보다.

 뜻풀이) 어떤 일에 간섭하지 않고 지켜보기만 하다.

 ## 배경에 담긴 지혜

옛날 옷들은 주머니가 없었기 때문에, 옷소매가 주머니 역할을 했어요. 그래서 옛날 사람들은 춥거나 가만히 있을 때면 옷소매에 손을 넣었지요. 즉, 우리가 주머니에 손만 넣듯이, 옛날 사람들도 소매에 손만 넣고 지켜봤다는 뜻에서 '수수방관'이 유래됐어요.

 ## 따라쓰기) 수수방관의 뜻풀이를 따라 써보세요.

어	떤		일	에		간	섭	하	지		않	고		지
켜	보	기	만		하	다	.							

낱말 뜻) 간섭하다 : 관계가 없는 남의 일에 참견하다.

찾아보기) 수수방관의 뜻과 어울리는 문장을 찾아보세요.

1 대회 전에 갑자기 지진이 발생해서, 대책을 세울 수가 없었어요. ( )

2 친구가 어려움을 겪을 때 그냥 보고만 있었어요. ( )

 비슷한 뜻의 속담

강 건너 불구경. 다른 사람의 어려움을 마치 나와 상관없는 일처럼 보고만 있는 것을 의미해요.

89

시기상조

時	機	尙	早
때 시	기간 기	아직 상	이를 조

 한자 뜻 어떤 일의 때가 아직 이르다.

 뜻풀이 무언가를 하기에는 아직 때가 이르다.
시기나 기회가 아직 오지 않다.

 ## 배경에 담긴 지혜

'시기상조'는 옛날 중국의 한 왕이 아직 준비도 안 됐는데 서둘러 전쟁을 시작했다가 실패한 이야기에서 나왔어요. 무슨 일을 하든 충분히 준비하고 알맞은 때를 기다려야 한다는 교훈을 주지요. 너무 서두르면 오히려 잘 안될 수도 있으니까요. 차분하게 기다리면서 준비하고 때가 되면 행동하는 게 성공의 비결이에요!

아직 4번 타자가 되기엔 실력이 부족해...

 따라쓰기 시기상조의 뜻풀이를 따라 써보세요.

무	언	가	를		하	기	에	는		아	직		때	가
이	르	다	.											

낱말 뜻 이르다 : 정해진 시간보다 앞서 있다. | 빠르다 : 일을 하는 데 걸리는 시간이 짧다.

찾아보기 시기상조의 뜻과 어울리는 문장을 찾아보세요.

1 가족이 모여 여행 계획을 세울 때 아빠는 팔짱을 끼고 지켜보기만 했어요. (   )

2 방학까지는 한참 남았는데 방학 계획을 벌써 세우는 건 이르다고 생각해요. (   )

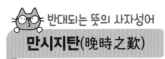 반대되는 뜻의 사자성어
만시지탄(晚時之歎) 알맞은 때가 지나서 아쉬워하거나 후회하는 것을 뜻해요.

90

시시비비

是	是	非	非
옳을 시	옳을 시	틀릴 비	틀릴 비

 한자 뜻 : 옳은 것은 옳고 틀린 것은 틀리다.

 뜻풀이 : 옳고 그름을 분명히 따지다.
옳은 것은 옳고 그른 것은 그르다.

 ## 배경에 담긴 지혜

조선시대에 '김병연'이라는 사람이 있었어요. 그는 이름을 '김립(김삿갓)'으로 고치고 전국을 돌아다니면서 많은 시를 남겼지요. 그중에 '시시비비'라는 시가 있는데 세상에는 완전히 옳은 것도, 완전히 잘못된 것도 없다는 뜻으로 이 시를 지었다고 해요. 이후로 사람들은 잘못된 것을 똑바로 가리려고 할 때 이 말을 쓰게 되었어요.

 따라쓰기 시시비비의 뜻풀이를 따라 써보세요.

옳	고		그	름	을		분	명	히		따	지	다	.

낱말 뜻 : 따지다 : ① 문제가 되는 일에 대해 상대에게 묻고 답을 요구하다.
② 옳고 그름을 밝히다

찾아보기 시시비비의 뜻과 어울리는 문장을 찾아보세요.

1 두 사람의 이야기를 모두 듣고 나서 누가 옳고 그른지 판단하기로 했어요. ( )

2 그 사람의 말은 못 들었는데, 무조건 옳지 않다고 하는 건 적절하지 않아요. ( )

반대되는 뜻의 사자성어
불문곡직(不問曲直)
옳고 그름을 따지지 않고 단순히 결과나 상황만을 판단한다는 의미예요.

시종일관

始	終	一	貫
시작할 시	마칠 종	하나 일	통할 관

 한자 뜻 시작부터 끝까지 하나로 통하다.

 뜻풀이 일의 시작부터 끝까지 한결같다.

배경에 담긴 지혜

'시종일관'이라는 사자성어를 통해 한결같은 마음을 유지하는 걸 매우 중요하게 여긴 옛날 사람들의 삶의 태도를 엿볼 수 있어요. 오늘날에도 처음의 마음을 잃지 않을 것을 강조할 때 이 사자성어를 활용해요.

배구 선수가 될 거야!

따라쓰기 시종일관의 뜻풀이를 따라 써보세요.

일	의		시	작	부	터		끝	까	지		한	결	같
다	.													

낱말 뜻   한결같다 : 처음부터 끝까지 변함이 없다.

띄어쓰기   한결같다 (O) | 한결 같다 (X)

찾아보기 시종일관의 뜻과 어울리는 문장을 찾아보세요.

① 선생님은 학기초나 학기말이나 늘 웃는 얼굴로 친절하게 가르쳐 주셨어요. (   )

② 무엇이 옳고 그른지 판단하기 힘들어하자 선생님께서 알려 주기로 했어요. (   )

반대되는 뜻의 사자성어
용두사미(龍頭蛇尾)

용의 머리와 뱀의 꼬리라는 뜻으로 시작은 화려하지만 끝은 좋지 않음을 비유해요.

92 십시일반

十	匙	一	飯
열 십	숟가락 시	하나 일	밥 반

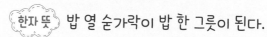 한자 뜻 밥 열 숟가락이 밥 한 그릇이 된다.

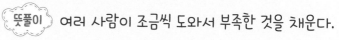 뜻풀이 여러 사람이 조금씩 도와서 부족한 것을 채운다.

배경에 담긴 지혜

'십시일반'은 '정약용'의 <여유당전서>에서 유래되었어요. 모두 여럿이 조금씩 힘을 합하면 작은 힘으로도 큰 도움을 줄 수 있다는 내용이지요. 우리의 따뜻한 손길이 모이면 어려운 사람들에게 큰 도움을 줄 수 있다는 가르침을 주는 말이에요.

따라쓰기 십시일반의 뜻풀이를 따라 써보세요.

여	러		사	람	이		조	금	씩		도	와	서	
부	족	한		것	을		채	운	다	.				

찾아보기 십시일반의 뜻과 어울리는 문장을 찾아보세요.

1 민지는 1학년 때부터 불우이웃을 위한 봉사를 꾸준히 하고 있어요.　　　(　　　)

2 불우이웃을 돕기 위해, 학생들 모두 용돈을 조금씩 모아 기부를 했어요.　　　(　　　)

비슷한 뜻의 속담
티끌 모아 태산.　　아무리 작은 것도 모이면 큰 것이 된다는 뜻이에요.

115

93

십중팔구

十	中	八	九
열 십	가운데 중	여덟 팔	아홉 구

 한자 뜻 열 가운데 여덟 또는 아홉.

 뜻풀이 거의 틀림없이 그렇게 되다.

 배경에 담긴 지혜

'십중팔구'는 앞일을 예상하거나 추측할 때 많이 쓰는 사자성어예요. 특히 거의 틀림없이 그렇게 된다는 뜻으로 오늘날은 물론 옛날부터 많이 쓰여 왔어요.

 따라쓰기 십중팔구의 뜻풀이를 따라 써보세요.

거	의		틀	림	없	이		그	렇	게		되	다	.

낱말 뜻 거의 : 정해진 기준에 매우 가까운 정도.

찾아보기 십중팔구의 뜻과 어울리는 문장을 찾아보세요.

1 용돈이 부족한 상준이를 위해 우리가 천 원씩 더 내기로 했어요. ( )

2 도훈이가 용돈을 받았다고 하니, 분명 수업이 끝나면 분식집에 갈 거예요. ( )

 반대되는 뜻의 속담
하늘의 별 따기. 매우 어려운 일이나 불가능한 일을 비유적으로 표현할 때 사용해요.

94 애지중지

愛	之	重	之
사랑할 애	그것 지	소중할 중	그것 지

 한자 뜻 사랑하여 소중히 여기다.

 뜻풀이 매우 아끼고 소중히 여기다.

 ## 배경에 담긴 지혜

누군가를 사랑하고 소중히 여기는 것은 인간의 기본적인 감정 중 하나예요. 그래서 '애지중지'는 인간의 감정과 관련해 옛날부터 많이 사용되어 온 사자성어지요. 오늘날에도 무언가를 소중히 여기는 것을 표현할 때 이 사자성어를 많이 써요.

따라쓰기 애지중지의 뜻풀이를 따라 써보세요.

매	우		아	끼	고		소	중	히		여	기	다	.

낱말 뜻 귀중히 : 귀하고 중요하게 | 소중히 : 매우 귀중하게

찾아보기 애지중지의 뜻과 어울리는 문장을 찾아보세요.

1. 갑자기 먹구름이 몰려오는 것을 보니 금방이라도 비가 올 것 같아요. (　　　)

2. 건우는 좋아하는 친구에게 선물로 받은 우산을 소중하게 여기고 있어요. (　　　)

 **비슷한 뜻의 속담**
금이야 옥이야. 금과 옥처럼 다룬다는 뜻으로 무언가를 매우 소중히 여기는 모양을 비유해요.

95

양두구육

 한자 뜻 양의 머리를 걸어 놓고 개고기를 판다.

 뜻풀이 겉은 좋아 보이지만 속은 그렇지 않다.

羊	頭	狗	肉
양 양	머리 두	개 구	고기 육

 배경에 담긴 지혜

'양두구육'은 겉으로는 좋은 것처럼 보이지만 실제로는 그렇지 않은 상황을 의미해요. 옛날 중국 제나라의 왕이 궁 안에서만 남장을 허락하고 궁 밖에서는 금지했어요. 이에 신하 '안영'이 "궁 안에서는 허락하고 궁 밖에서는 금지하는 것은 양의 머리를 걸어놓고 개고기를 파는 것과 같다."라고 했어요. 이 말은 겉으로만 좋아 보이고 실제로는 그렇지 않은 경우를 나타내는 말이에요.

따라쓰기 양두구육의 뜻풀이를 따라 써보세요.

겉	은		좋	아		보	이	지	만		속	은		그
렇	지		않	다	.									

낱말 뜻 - 지만 : 앞의 말과 반대되는 내용을 말할 때 쓰는 말.

띄어쓰기 좋아 보이지만 (O) | 좋아보이지만 (X)

찾아보기 양두구육의 뜻과 어울리는 문장을 찾아보세요.

1 지우는 그 누구보다 자신이 기르는 개를 좋아해요.　　　　　(　　)

2 가게는 멋졌지만 파는 물건은 싸구려였어요.　　　　　(　　)

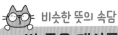 비슷한 뜻의 속담
빛 좋은 개살구. 겉으로는 먹음직스러운 빛깔을 띠고 있지만 맛이 없는 개살구라는 뜻이에요.

어불성설

語	不	成	說
말 어	아닐 불	이룰 성	이야기 설

 한자 뜻 말이 이야기가 되지 않는다.

 뜻풀이 말이 앞뒤가 맞지 않아서 이상하다.

 배경에 담긴 지혜

우리는 다른 사람과 이야기하다가 상대방의 말이 전혀 이치에 맞지 않는 경우를 접할 때가 있어요. 이런 경우에 '어불성설'이라는 말을 사용하지요. 사리에 맞지 않아서 말 같지 않은 이야기라는 뜻의 만불성설(萬不成說)과 말이 도무지 이치에 맞지 않는다는 뜻의 어불근리(語不近理)와 같은 말이에요. 줄여서 불성설(不成說)이라고도 해요.

 따라쓰기 어불성설의 뜻풀이를 따라 써보세요.

말	이		앞	뒤	가		맞	지		않	아	서		이
상	하	다	.											

낱말 뜻 앞뒤가 맞지 않다 : 말이나 행동이 이상하고 잘 연결되지 않는다.

찾아보기 어불성설의 뜻과 어울리는 문장을 찾아보세요.

① 주성이는 공부를 많이 하는 것 같지만 사실 집에서 게임만 해요. ( )

② 정우는 집중을 잘 하기 위해 필요하다며 게임 시간을 늘려달라고 했어요. ( )

비슷한 뜻의 사자성어
견강부회(牽强附會) 억지로 끌어 붙여서 이야기를 맞춘다는 뜻으로 말이나 생각이 잘 안 맞는데도 억지로 끼워 맞추는 것을 의미해요.

97 오매불망

寤	寐	不	忘
잠깰 오	잘 매	아닐 불	잊을 망

 한자 뜻 잘 때도 깨어 있을 때도 잊지 못하다.

 뜻풀이 하루 종일 어떤 것을 계속 생각하고 잊지 못하다.

 ## 배경에 담긴 지혜

'오매불망'은 옛날 중국의 <시경>이라는 책에서 나온 말이에요. 이 책에는 "잠을 잘 때도 깨었을 때도 잊지 못한다."라는 구절이 있어요. 이는 깨어 있을 때나 잠잘 때나 늘 잊지 않고 계속 생각하는 것을 뜻해요. 무언가를 정말 좋아하거나 바랄 때 느끼는 마음이에요. 사랑하는 사람이나 이루고 싶은 꿈을 항상 간절히 생각할 때 이 말을 써요.

따라쓰기 오매불망의 뜻풀이를 따라 써보세요.

하	루		종	일		어	떤		것	을		계	속	
생	각	하	고		잊	지		못	하	다	.			

낱말 뜻 종일 : 아침부터 저녁까지의 동안.

찾아보기 오매불망의 뜻과 어울리는 문장을 찾아보세요.

1 혜수는 손을 잡아준 멋진 아이돌 오빠가 계속 머릿속에 떠올랐어요. (   )

2 예린이는 갑자기 눈물을 흘리면서 부모님께 공부가 하기 싫다고 말했어요. (   )

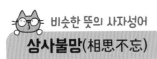 비슷한 뜻의 사자성어
상사불망(相思不忘) 서로를 그리워하며 잊지 못한다는 뜻이에요.

98 와신상담

臥	薪	嘗	膽
누울와	땔나무 신	맛볼 상	쓸개 담

 한자 뜻 땔나무 위에 눕고 쓸개를 맛보다.

 뜻풀이 목표를 이루기 위해 어려움을 참고 노력하다.

배경에 담긴 지혜

옛날 중국의 오나라와 월나라는 서로 싸우던 나라였어요. 오나라 왕 '부차'는 아버지의 복수를 위해 땔나무 위에서 잠을 자며 마음을 다졌어요. 월나라 왕 '구천'은 쓴 쓸개를 맛보며 패배의 치욕을 잊지 않고 복수를 준비했어요. '와신상담'은 이렇게 어려움을 참고 노력해서 목표를 이루려는 마음을 뜻해요.

따라쓰기 와신상담의 뜻풀이를 따라 써보세요.

목	표	를		이	루	기		위	해		어	려	움	을
참	고		노	력	하	다	.							

낱말 뜻 목표 : 목적을 이루고자 실제적 대상으로 삼은 것.
목적 : 이루고자 하는 일이나 방향.

찾아보기 와신상담의 뜻과 어울리는 문장을 찾아보세요.

1 공연 때 멋지게 기타를 치던 희수의 모습이 아직도 생생하게 기억나요. (   )

2 이번 공연에서 반드시 우승을 하기 위해 매일 밤을 새우면서 연습했어요. (   )

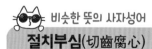 비슷한 뜻의 사자성어

절치부심(切齒腐心)   매우 분해 이를 갈며 마음을 썩이다는 뜻으로 목표를 위해 노력하는 것을 비유해요.

99 외유내강

外	柔	內	剛
바깥 외	부드러울 유	안 내	강할 강

 한자 뜻 겉으로는 부드럽지만 속은 강하다.

 뜻풀이 사람이 겉으로는 부드러워 보이지만, 속은 강하다.

 배경에 담긴 지혜

'외유내강'은 중국 역사서 <당서>에서 유래한 말로 왕이 '요남중'에게 벼슬을 주려고 하자 신하들이 반대했어요. 하지만 '노탄'만은 그가 겉은 약해도 속은 강하다며 반박했지요. 이때 겉은 약해도 속은 강하다는 뜻으로 '외유중강(外柔中剛)'이라는 표현을 썼는데, 이것이 '외유내강'으로 바뀌어 쓰이고 있어요.

따라쓰기 외유내강의 뜻풀이를 따라 써보세요.

사	람	이		겉	으	로	는		부	드	러	워		보
이	지	만	,		속	은		강	하	다	.			

낱말 뜻 부드럽다 : ① 만졌을 때 느낌이 좋다. ② 성격이 따뜻하고 친절하다.

찾아보기 외유내강의 뜻과 어울리는 문장을 찾아보세요.

1 소희는 살을 빼기 위해 먹을 양을 조절하고 매일 한 시간씩 운동을 해요.　　(　　)

2 강준이는 부드러운 인상과 달리 힘든 일을 당해도 꿋꿋하게 잘 이겨내요.　　(　　)

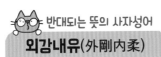 반대되는 뜻의 사자성어
외강내유(外剛內柔)　겉으로는 강해 보이나 속은 부드럽다는 뜻이에요.

100 우공이산

 한자 뜻) 어리석어 보이는 할아버지가 산을 옮긴다.

 뜻풀이) 끊임없이 노력하면 반드시 좋은 결과를 얻는다.

愚	公	移	山
어리석을 우	할아버지 공	옮길 이	산 산

배경에 담긴 지혜

중국의 옛날이야기에 나오는 '우공'이라는 할아버지가 있었어요. 그는 집 앞에 있는 큰 산을 매일 조금씩 옮기기로 했어요. 사람들이 비웃었지만, 할아버지는 포기하지 않고 계속했어요. 결국 하늘의 신이 감동해서 산을 옮겨 주었어요. 이 이야기는 포기하지 않고 꾸준히 노력하면 어려운 일도 해낼 수 있다는 교훈을 줘요.

따라쓰기) 우공이산의 뜻풀이를 따라 써보세요.

끊	임	없	이		노	력	하	면		반	드	시		좋
은		결	과	를		얻	는	다	.					

낱말 뜻) 끊임없이 : 계속하거나 이어져 있던 것이 끊어지지 않게

띄어쓰기) 끊임없이 (O) | 끊임 없이 (X)

찾아보기) 우공이산의 뜻과 어울리는 문장을 찾아보세요.

1 현민이는 나쁜 말을 안 쓰려고 열심히 노력했고 그 덕분에 상을 받았어요.   (   )

2 연지는 아무 생각이 없는 것 같지만 사실 자기주장이 강한 친구예요.   (   )

비슷한 뜻의 속담
지성이면 감천이다.

끊임없이 노력하면 반드시 좋은 결과를 얻는 것을 가리켜요.

사자성어 실전 테스트

1 사자성어의 뜻을 찾아 선으로 이어 보세요.

비몽사몽 ●	● 시작부터 끝까지 하나로 통하다.
수수방관 ●	● 꿈이 아니지만 꿈과 비슷하다.
시종일관 ●	● 겉으로는 부드럽지만 속은 강하다.
오매불망 ●	● 손을 소매에 넣고 곁에서 보다.
외유내강 ●	● 잘 때도 깨어 있을 때도 잊지 못하다.

2 뜻풀이를 보고, 해당하는 사자성어를 글자판에서 찾아 보세요.

뜻풀이

1. 거의 틀림없이 그렇게 되다.
2. 무언가를 하기에는 아직 때가 이르다.
3. 겉은 좋아 보이지만 속은 그렇지 않다.
4. 뛰어난 사람을 얻기 위해 여러 번 노력하다.
5. 끊임없이 노력하면 반드시 좋은 결과를 얻는다.

내	십	시	기	상	조
우	중	각	책	양	중
공	팔	시	설	두	몽
이	구	방	일	구	뇌
산	욕	쇄	관	육	강
불	삼	고	초	려	상

 사자성어는 가로, 세로 형태로 숨어 있어요.

124

3 아래 사자성어 또는 속담의 의미와 관련이 있는 사자성어를 보기에서 골라 보세요.

보기

부화뇌동   분골쇄신   사리사욕   십시일반   애지중지   어불성설

1 금이야 옥이야.   (   )

2 티끌 모아 태산.   (   )

3 친구 따라 강남 간다.   (   )

4 필사즉생(必死則生) : 반드시 죽겠다고 각오하면 살아남는다.   (   )

5 아전인수(我田引水) : 자기 논에 물을 끌어들인다.   (   )

6 견강부회(牽强附會) : 억지로 끌어 붙여서 이야기를 맞춘다.   (   )

4 문제를 보고 어울리는 사자성어를 골라 보세요.

1 선생님은 학생들 사이에서 벌어진 일의 옳고 그름을 가려주셨어요.

속수무책 (   )
시시비비 (   )

2 갑작스러운 사고에 모두 어찌할 바를 몰라 손을 놓고 있었어요.

속수무책 (   )
와신상담 (   )

3 지난번 결승전 패배를 잊지 않기 위해 매일 고된 훈련을 견디며 다시 준비했어요.

사상누각 (   )
와신상담 (   )

4 겉모습은 멋진 이 아파트가 기초 공사가 부실해 결국 문제가 드러났어요.

사상누각 (   )
시시비비 (   )

우왕좌왕

 한자 뜻 오른쪽으로 갔다가 왼쪽으로 간다.

 뜻풀이 어떻게 해야 할지 몰라서 고민하다.

右	往	左	往
오른쪽 우	갈 왕	왼쪽 좌	갈 왕

 배경에 담긴 지혜

'우왕좌왕'은 길을 잃어 어디로 가야 할지 몰라서 헤매거나 무엇을 해야 할지 결정하지 못하고 고민하는 상황을 나타내는 말이지요. 예를 들어 발표를 앞두고 갑자기 자료가 없어지면 어떻게 해야 할지 몰라 너무 당황스럽겠죠? 그런 상황에 어울리는 표현이에요.

따라쓰기 우왕좌왕의 뜻풀이를 따라 써보세요.

어	떻	게		해	야		할	지		몰	라	서		고
민	하	다	.											

낱말 뜻 고민 : 걱정하거나 결정을 못 해서 마음속으로 괴로워함.

찾아보기 우왕좌왕의 뜻과 어울리는 문장을 찾아보세요.

① 윤호는 버스에 두고 내린 물건을 찾으려고 버스 회사까지 찾아갔어요. ( )

② 길을 잃은 아이가 여기저기 왔다 갔다 하며 당황했어요. ( )

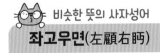 비슷한 뜻의 사자성어

좌고우면(左顧右眄) 왼쪽을 보고 오른쪽을 본다는 뜻으로, 이리저리 생각만 하다가 결정을 내리지 못하는 상태를 의미해요.

102 우유부단

優	柔	不	斷
느긋할 우	부드러울 유	아닐 부	결정할 단

 한자 뜻 부드럽고 느긋해서 결정을 내리지 못한다.

 뜻풀이 결정을 해야 할 때 고민만 하고 쉽게 선택하지 못한다.

 ## 배경에 담긴 지혜

'우유부단'은 고려시대 한 학자의 책에 처음 나왔다고 해요. 이 책에 따르면 불교에서는 인간의 마음을 통제하는 방법으로 '결단'을 강조했는데 결단력이 부족한 사람을 우유부단하다고 했어요. 또한 중국에서는 머뭇거리다 결정하지 못하는 모습을 가리키기도 했어요. 여기에서 유래되어 오늘날에도 '우유부단'은 결단력이 부족한 사람을 가리키는 표현으로 쓰이고 있어요.

따라쓰기 우유부단의 뜻풀이를 따라 써보세요.

결	정	을		해	야		할		때		고	민	만
하	고		쉽	게		선	택	하	지		못	한	다	.

낱말 뜻 결정 : 여러 가지 중에 하나를 고르거나 어떻게 할지 정하는 것

띄어쓰기 해야 할 때 (O) | 해야할 때 (X)

찾아보기 우유부단의 뜻과 어울리는 문장을 찾아보세요.

1 송주는 작년 선거에서의 실패 원인을 분석하고 다시 회장 후보로 나왔어요. (   )

2 정현이는 학급 행사를 어떻게 할지 결정하지 못하고 망설였어요. (   )

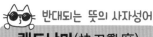 반대되는 뜻의 사자성어
쾌도난마(快刀亂麻) 잘 드는 칼로 엉클어진 삼을 자른다는 뜻으로 복잡하게 얽힌 문제를 시원하게 해결하는 것을 의미해요.

103 유구무언

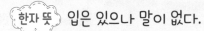

有	口	無	言
있을 유	입 구	없을 무	말 언

한자 뜻 입은 있으나 말이 없다.

뜻풀이 변명할 말이 없거나 잘못이 있어서
아무 말도 할 수 없다.

 ## 배경에 담긴 지혜

중국의 역사책 <사기>에 나오는 구절 중 "싸움에 진 장수는 전술에 대해 말하지 않는다."라는 내용이 있어요. 이 말은 실패한 사람은 나중에 그 일에 대해 구구하게 변명하지 않는다는 말이에요. 여기에서 '유구무언'이 유래되었다고 해요. '유구무언'은 이처럼 변명할 수 없을 때 말문이 막히는 상황을 잘 표현한 사자성어예요.

따라쓰기 유구무언의 뜻풀이를 따라 써보세요.

잘	못	이		있	어	서		아	무		말	도		할
수		없	다	.										

띄어쓰기 아무 말도 (O) | 아무말도 (X)

찾아보기 유구무언의 뜻과 어울리는 문장을 찾아보세요.

1 범죄를 저지른 이유를 묻자 김 씨는 죄송하다는 말만 반복했습니다.　　(　)

2 새 규칙을 언제부터 시행할지에 대해서는 아직 결정을 못 내리고 있습니다. (　)

 비슷한 뜻의 속담

입이 열 개라도 할 말이 없다. 입이 아무리 많아도 할 말이 없다는 뜻으로 변명을 하지 못하는 상황을 비유해요.

128

104 인지상정

人	之	常	情
사람 인	~의 지	항상 상	마음 정

 한자 뜻 사람이 항상 가지는 마음.

 뜻풀이 사람이라면 누구나 느끼는 보통의 감정.

 배경에 담긴 지혜

사람이라면 누구나 가지고 있는 당연한 생각과 감정이 있어요. 예를 들어, 어려운 사람을 보면 돕고 싶은 마음이 들고 다른 사람이 잘못된 행동을 하면 화가 나기도 해요. '인지상정'은 이러한 사람의 마음을 잘 설명하는 사자성어예요.

따라쓰기 인지상정의 뜻풀이를 따라 써보세요.

사	람	이	라	면		누	구	나		느	끼	는		보
통	의		감	정	.									

낱말 뜻 감정 : 어떤 일에 대해 느끼는 마음 또는 기분.
정서 : 마음속에 생기는 여러 가지 감정.

찾아보기 인지상정의 뜻과 어울리는 문장을 찾아보세요.

1 거짓말이 들통나자 그 사람은 할 말이 없다는 듯이 입을 꾹 닫았어요.   (   )

2 거짓말을 하지 않는 것은 사람이 꼭 지켜야 할 약속이에요.   (   )

비슷한 뜻의 속담
팔은 안으로 굽는다.   사람은 보통 자기 이익이나 자기와 가까운 사람에게 마음이 더 간다는 의미예요.

일취월장

 한자 뜻 날마다 나아가고 달마다 발전한다.

 뜻풀이 날이 갈수록 꾸준히 더 잘하게 되는 것.

日	就	月	將
날 일	나아갈 취	달 월	발전할 장

 ## 배경에 담긴 지혜

중국 주나라 '성왕'은 <시경>의 내용을 인용해서 비록 뛰어나지 않지만 열심히 배워 날마다 계속 성장하고 발전할 것이니 신하들도 맡은 일을 잘 해서 올바른 모습을 보이라고 신하들에게 말했어요. 이때 날마다 계속 성장하고 발전한다는 부분에서 '일취월장'이라는 표현을 쓴 것이 지금까지 전해지고 있어요.

따라쓰기 일취월장의 뜻풀이를 따라 써보세요.

날	이		갈	수	록		꾸	준	히		더		잘	하
게		되	는		것	.								

띄워쓰기 더 잘하게 (O) | 더잘하게 (X)

찾아보기 일취월장의 뜻과 어울리는 문장을 찾아보세요.

1 그 나라의 사람이라면 같은 나라 선수를 응원하는 건 당연한 거예요. ( )

2 사람들은 날마다 실력이 늘어나는 진아의 모습에 응원의 박수를 보냈어요. ( )

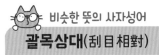 비슷한 뜻의 사자성어
괄목상대(刮目相對) 눈을 비비고 다시 본다는 뜻으로, 상대의 실력이 크게 늘어 새롭게 본다는 말이에요.

106 입신양명

立	身	揚	名
세울 립	몸 신	날릴 양	이름 명

 한자 뜻 몸을 일으켜 이름을 날리다.

 뜻풀이 성공하여 세상에 이름을 알리다.

 배경에 담긴 지혜

옛날 공자가 쓴 <효경>이라는 책에는 "입신양명 이현부모."라는 말이 있어요. 이 말은 열심히 노력해서 유명해지고, 부모님을 자랑스럽게 해드리는 것이 큰 효도라는 뜻이에요. 자신의 꿈을 이루고 원하는 목표를 달성하면 부모님을 기쁘게 할 수 있다는 교훈을 담고 있어요.

따라쓰기 입신양명의 뜻풀이를 따라 써보세요.

성	공	하	여		세	상	에		이	름	을		알	리
다	.													

낱말 뜻 세상 : 사람이 살고 있는 모든 곳.

찾아보기 입신양명의 뜻과 어울리는 문장을 찾아보세요.

1 프로게이머가 되기 위해 매일 연습한 형은 전보다 실력이 더 좋아졌어요. (   )

2 게임을 좋아하던 형은 노력해서 유명한 프로게이머가 되었어요. (   )

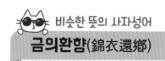 비슷한 뜻의 사자성어
금의환향(錦衣還鄕) 비단 옷을 입고 고향으로 돌아온다는 뜻으로 성공해서 돌아오는 것을 비유해요.

자업자득

自	業	自	得
스스로 자	행동(일) 업	스스로 자	얻을 득

 한자 뜻 자신이 한 일의 결과를 스스로 얻는다.

 뜻풀이 자신이 한 행동의 결과를 결국 자신이 받는다.

 ## 배경에 담긴 지혜

'자업자득'은 불교에서 나온 말로 스스로 한 행동의 결과를 자기가 받는다는 뜻이에요. 보통 나쁜 일을 했을 때 그에 따른 안 좋은 결과를 얻게 된다는 의미로 쓰여요. 이 말은 잘못된 행동을 하지 말고 책임을 져야 한다는 교훈을 줘요.

따라쓰기 자업자득의 뜻풀이를 따라 써보세요.

자	신	이		한		행	동	의		결	과	를		결
국		자	신	이		받	는	다	.					

낱말 뜻 대가 : ① 물건의 값으로 치르는 돈. ② 어떠한 일을 하고 얻는 결과.

찾아보기 자업자득의 뜻과 어울리는 문장을 찾아보세요.

1 함정을 만들다가 오히려 함정에 빠진 악당의 모습이 너무 웃겼어요.　　　(　　　)

2 어려운 환경에서도 열심히 공부하고 성공한 사람의 이야기는 감동이었어요.　(　　　)

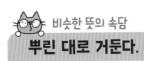 비슷한 뜻의 속담
뿌린 대로 거둔다.　　자신이 한 행동에 따라 그에 맞는 결과를 받는다는 의미예요.

108 **자포자기**

自	暴	自	棄
스스로 자	망칠 포	스스로 자	버릴 기

 한자 뜻 스스로 자신을 망치고 버린다.

 뜻풀이 어떤 일이 잘 안 돼서 스스로 포기하고 자신을 돌보지 않는다.

 배경에 담긴 지혜

옛날 중국의 위인 '맹자'가 자신의 책에서 '자포자기'라는 말을 썼어요. 이 말은 자신을 스스로 망치고 포기하는 것을 뜻해요. '맹자'는 사람의 마음이 원래 착하다고 믿었고 나쁜 일이 있어도 스스로를 포기하지 말고 끝까지 노력해야 한다고 했어요. '자포자기'는 이렇게 스스로를 해치지 말라는 교훈을 주는 사자성어예요.

따라쓰기 자포자기의 뜻풀이를 따라 써보세요.

어	떤		일	이		잘		안		돼	서		포	기
하	고		자	신	을		돌	보	지		않	는	다	.

낱말 뜻 포기하다 : 하고 있거나 하려고 한 일을 그만두다.

찾아보기 자포자기의 뜻과 어울리는 문장을 찾아보세요.

1 기혁이는 시험 때 커닝하다가 선생님께 걸려서 벌을 받았어요. (　　)

2 시험을 크게 망친 현준이는 모든 것을 포기한 것처럼 행동했어요. (　　)

반대되는 뜻의 사자성어

백절불굴(百折不屈) 백 번 꺾여도 포기하지 않는다는 뜻으로 힘든 일이 있어도 포기하지 않고 노력한다는 의미예요.

133

109 전전긍긍

 한자 뜻 매우 무서워하고 조심하다.

 뜻풀이 어떤 일을 앞두고 무섭고 걱정되다.

戰	戰	兢	兢
무서워할 전	싸움 전	조심할 긍	떨릴 긍

배경에 담긴 지혜

'전전긍긍'은 옛날 중국의 책인 <시경>에 나온 "전전긍긍(戰戰兢兢), 여림심연(如臨深淵), 여리박빙(如履薄冰)."이라는 문장에서 유래되었어요. 이 문장은 깊은 연못 앞에 서 있거나 얇은 얼음을 밟는 것처럼 무섭고 조심스럽다라는 뜻이에요. 그래서 '전전긍긍'은 어떤 일을 앞두고 무시워하고 걱정하는 마음을 잘 비유하는 표현이에요.

따라쓰기 전전긍긍의 뜻풀이를 따라 써보세요.

어	떤		일	을		앞	두	고		무	섭	고		걱
정	되	다	.											

낱말 뜻 걱정 : 무슨 일이 잘못될까 봐 불안해하는 마음.

찾아보기 전전긍긍의 뜻과 어울리는 문장을 찾아보세요.

1 물에 대한 두려움으로 수영장에 들어갈 때, 마음이 몹시 떨렸어요. ( )

2 저는 수영장에 가기 싫었지만 친구들이 가자고 해서 어쩔 수 없었어요. ( )

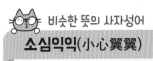 비슷한 뜻의 사자성어

소심익익(小心翼翼) 무슨 일을 할 때 실수하지 않으려고 아주 조심하는 것을 뜻해요.

지피지기

110

知	彼	知	己
알 지	상대 피	알 지	자기 기

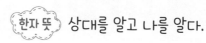 **한자 뜻** 상대를 알고 나를 알다.

 뜻풀이 적의 상태와 나의 상태를 자세히 알다.

 배경에 담긴 지혜

중국의 '손무'가 쓴 <손자병법>의 '모공편'을 보면 "적을 알고 나를 알면 백 번 싸워도 위험하지 않을 것이다.(知彼知己 百戰不殆)"라는 내용이 있어요. 그중 '적을 알고 나를 안다.'를 '지피지기'라고 표현했지요. 전쟁에서 이기기 위한 방법이지만 일상생활에서도 필요한 가르침이에요.

따라쓰기 지피지기의 뜻풀이를 따라 써보세요.

적	의		상	태	와		나	의		상	태	를		자
세	히		알	다	.									

낱말 뜻 알다 : ① 물건, 상황 등의 정보나 지식을 갖추다. ② 어떤 사실을 깨닫거나 느끼다.

찾아보기 지피지기의 뜻과 어울리는 문장을 찾아보세요.

1 피구 시합을 할 때마다 공에 얼굴을 맞아 다칠까 봐 항상 무서워요. ( )

2 상대 선수의 공격 방법을 알게 되니 경기를 쉽게 이길 수 있었어요. ( )

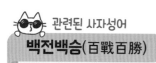 **관련된 사자성어**

백전백승(百戰百勝) 백 번 싸워 백 번 이긴다는 뜻이에요. '지피지기 백전백승'은 상대를 알고 나를 알면, 백 번 싸워도 백 번 이긴다는 의미예요.

111 천고마비

天	高	馬	肥
하늘 천	높을 고	말 마	살찔 비

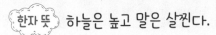 한자 뜻 : 하늘은 높고 말은 살찐다.

 뜻풀이 : 가을은 날씨가 좋은 계절이다.

 ## 배경에 담긴 지혜

당나라 시인 '두보'의 할아버지 '두심언'이 지은 시에 "가을 하늘은 높고 변방의 말은 살찐다."라는 내용이 있어요. 이 구절을 "추고새마비(秋高塞馬肥)"라 했는데, 이것이 '천고마비'로 바뀌어 쓰이고 있어요. '천고마비'의 또 다른 유래로는 중국 은나라 때 가을만 되면 쳐들어오는 흉노족을 경계하기 위해 사용되었다는 말도 있지요.

따라쓰기   천고마비의 뜻풀이를 따라 써보세요.

가	을	은		날	씨	가		좋	은		계	절	이	다	.

낱말 뜻   계절 : 1년을 날씨에 따라서 나눈 것. 우리나라는 봄, 여름, 가을, 겨울의 네 계절로 나눈다.

찾아보기   천고마비의 뜻과 어울리는 문장을 찾아보세요.

1 현지가 하늘만 바라보는 걸 보니 분명 딴생각하고 있을 거예요.　　　　(　　)

2 가을이고 날씨도 좋으니까, 갑자기 단풍을 보러 산에 가고 싶어졌어요.　　(　　)

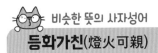 비슷한 뜻의 사자성어
등화가친(燈火可親)   등불을 가깝게 한다는 뜻으로 가을은 등불을 두고 책 읽기 좋은 계절임을 뜻해요.

112 촌철살인

村	鐵	殺	人
마디 촌	쇠 철	죽일 살	사람 인

 한자 뜻 짧은 칼로 사람을 죽인다.

 뜻풀이 짧은 말도 사람을 감동시키거나 곤란하게 할 수 있다.

 배경에 담긴 지혜

옛날 중국의 '종고'라는 스님이 "무기를 한 수레 가득 싣고 와도 사람을 해칠 수 없다. 하지만 한 치도 안 되는 작은 칼로도 사람을 해칠 수 있다."라고 말했어요. 여기서 '한 치도 안 되는 작은 칼'은 '짧지만 강한 말'을 비유하는 표현이에요. 이는 짧고 간결한 말로도 큰 깨달음이나 영향을 줄 수 있음을 말해요.

따라쓰기 촌철살인의 뜻풀이를 따라 써보세요.

짧	은		말	도		사	람	을		감	동	시	키	거
나		곤	란	하	게		할		수		있	다	.	

낱말 뜻 곤란하다 : 일의 형편이 매우 딱하고 어렵다.

띄어쓰기 감동시키거나 (O) | 감동 시키거나 (X)

찾아보기 촌철살인의 뜻과 어울리는 문장을 찾아보세요.

1 연지는 책을 많이 읽고 말도 잘해서, 말 하나로 사람의 마음을 움직여요. ( )

2 봄이 왔으니 가족들과 함께 공원에 가서 산책하며 꽃구경을 할 거예요. ( )

 비슷한 뜻의 속담

말 한 마디에 천 냥 빚도 갚는다. 좋은 말 한마디로 큰 문제나 어려운 일을 해결할 수 있다는 뜻이에요.

137

113 칠전팔기

七	顚	八	起
일곱 칠	넘어질 전	여덟 팔	일어날 기

 한자 뜻 일곱 번 넘어지고 여덟 번 일어나다.

 뜻풀이 아무리 실패해도 포기하지 않고 끝까지 노력하다.

배경에 담긴 지혜

옛날 중국의 <후한서> 내용 중에 한 장군이 전투에서 패해 동굴에 숨어 있었다고 해요. 장군이 거미줄을 일곱 번 치웠지만 거미는 포기하지 않고 여덟 번째 거미줄을 쳤어요. 적군은 거미줄이 쳐진 것을 보고 동굴에 사람이 없다고 생각해 물러갔고 장군은 거미줄 덕분에 목숨을 구했어요. 거미의 끈기를 보고 용기를 얻은 장군은 나중에 큰 공을 세웠어요. 이 이야기에서 유래한 '칠전팔기'는 실패해도 포기하지 않고 노력하는 것이 중요하다는 교훈을 줍니다.

따라쓰기 칠전팔기의 뜻풀이를 따라 써보세요.

아	무	리		실	패	해	도		포	기	하	지		않
고		끝	까	지		노	력	하	다	.				

낱말 뜻
실패 : 일을 잘못해서 원하는 대로 되지 아니함.
성공 : ① 일이 원하는 대로 됨. ② 목표한 것을 이룸.

찾아보기 칠전팔기의 뜻과 어울리는 문장을 찾아보세요.

1 장훈이는 여러 번 실패해도 포기하지 않더니 드디어 꿈을 이뤘어요. (　　)

2 강민이는 말 한마디로도 사람의 마음을 움직이는 능력을 가지고 있어요. (　　)

 비슷한 뜻의 속담
구르는 돌에는 이끼가 끼지 않는다. 계속해서 노력하고 움직이는 사람은 성장하고 발전한다는 의미예요.

114 침소봉대

針	小	棒	大
바늘 침	작을 소	막대 봉	클 대

한자 뜻 작은 바늘을 큰 막대기라고 말하다.

뜻풀이 작은 일을 크게 부풀려서 말하다.

 ## 배경에 담긴 지혜

'침소봉대'는 작은 일을 크게 부풀려서 말하는 것을 뜻해요. 예를 들어 작은 고양이를 봤는데 친구에게 마치 호랑이처럼 커다랗다고 이야기하는 거예요. 이렇게 말하면 친구가 사실과 다르게 생각할 수 있어요. 사실과 다르게 말하면 듣는 사람이 오해할 수 있어요. 그래서 정확하고 솔직하게 말하는 것이 중요해요. 진실을 말하는 것이 친구들과의 믿음을 지키는 방법이에요.

따라쓰기 침소봉대의 뜻풀이를 따라 써보세요.

작	은		일	을		크	게		부	풀	려	서		말
하	다	.												

 ## 찾아보기 침소봉대의 뜻과 어울리는 문장을 찾아보세요.

1 현수는 포기하지 않고 여러 번 시도하더니 드디어 그 일을 해냈어요.   (   )

2 태수는 다른 사람이 한 번 실수한 것을 과장해서 말하는 버릇이 있어요.   (   )

비슷한 뜻의 사자성어
과대황장(過大皇張)   사실보다 지나치게 부풀려서 말한다는 뜻이에요.

139

115 풍비박산

風	飛	雹	散
바람 풍	날 비	우박 박	흩어질 산

 한자 뜻) 바람이 불어 우박이 흩어진다.

 뜻풀이) 일이 엉망이 되거나 무질서하게 흩어지다.

 배경에 담긴 지혜

'풍비박산'은 어떤 상황이 갑자기 엉망이 되고 혼란스러워지는 것을 말해요. 예를 들어 전쟁터에서 군사들이 적의 공격을 받고 겁이 나서 여기저기로 흩어져 도망가는 상황처럼요. 이렇게 무질서해지는 일은 준비가 잘 안되었거나 문제가 갑작스럽게 생겼을 때 일어나요. 그래서 우리는 계획을 잘 세우고 서로 협력하며 질서를 지키는 것이 중요해요.

따라쓰기) 풍비박산의 뜻풀이를 따라 써보세요.

일	이		엉	망	이		되	거	나		무	질	서	하
게		흩	어	지	다	.								

[낱말 뜻] 무질서 : 정리가 안 되고 지저분하다.

[띄어쓰기] 흩어지다 (O) | 흩어 지다 (X)

찾아보기) 풍비박산의 뜻과 어울리는 문장을 찾아보세요.

1. 태풍 때문에 무너진 집들의 모습이 하루 종일 뉴스에 나왔어요.　　(　　)

2. 기자는 사소한 일을 큰 사건인 것처럼 과장해서 기사를 작성했어요.　　(　　)

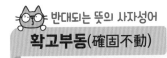 반대되는 뜻의 사자성어
확고부동(確固不動)　　굳고 확실하여 전혀 흔들림이 없다는 뜻으로 매우 튼튼한 상태를 비유해요.

116 학수고대

鶴	首	苦	待
학 학	머리 수	간절할 고	기다릴 대

 한자 뜻 학처럼 목을 길게 빼고 매우 간절하게 기다린다.

 뜻풀이 무언가를 매우 애타게 기다리다.

🌳 배경에 담긴 지혜

고대 중국에 '곽우'라는 유명한 작가가 있었어요. 그의 뛰어난 재능과 인품을 들은 왕이 사신을 보냈어요. 사신의 말 중에 "선생께서 손 내밀어 주시기를 학처럼 기다립니다."라는 구절이 있어요. 이 말에서 '학수고대'가 유래됐어요. 이렇게 '학수고대'는 누군가를 또는 무엇인가를 목이 빠지게 기다리는 사람의 특징을 잘 살린 사자성어예요.

제발 비 좀 와라~

따라쓰기 학수고대의 뜻풀이를 따라 써보세요.

무	언	가	를		매	우		애	타	게		기	다	리
다	.													

낱말 뜻 애타다 : 애타다 : 몹시 답답하거나 안타까워 속이 끓는 듯하다.
예) 가뭄에 비를 애타게 기다린다.

찾아보기 학수고대의 뜻과 어울리는 문장을 찾아보세요.

1️⃣ 그 치킨집은 맛없는 걸로 유명했는데, 결국 두 달도 안 돼서 망했어요. (   )

2️⃣ 아빠가 치킨을 사 온다고 하셔서 나와 동생은 저녁도 안 먹고 기다렸어요. (   )

😺 비슷한 뜻의 고사성어
일일여삼추(一日如三秋) 하루가 삼 년처럼 느껴진다는 뜻으로, 애타게 기다리는 시간이 매우 길게 느껴진다는 것을 비유해요.

117 함흥차사

咸興差使

咸	興	差	使
다 함	일 흥	보낼 차	사신 사

 한자 뜻 | 함흥으로 보낸 사신.

 뜻풀이 | 어떤 일을 시켰는데 소식이 없거나 돌아오지 않는 사람.

 배경에 담긴 지혜

옛날 조선 시대에 '이성계'라는 왕이 있었어요. '이성계'는 아들 '이방원' 에게 왕위를 물려주고 함흥이라는 곳으로 떠났어요. 아들 '이방원'은 아 버지를 다시 모시기 위해 여러 번 사신을 보냈지만 '이성계'는 만나주지 않았어요. 함흥으로 간 사신들은 돌아오지 않았고 '이방원'은 소식을 기 다리기만 했어요. 그래서 '함흥차사'라는 말이 생겼어요. 이 말은 부탁을 했는데 소식이 없거나, 돌아오지 않는 사람을 가리킬 때 써요.

따라쓰기 | 함흥차사의 뜻풀이를 따라 써보세요.

어	떤		일	을		시	켰	는	데		소	식	이	
없	거	나		돌	아	오	지		않	는		사	람	.

찾아보기 | 함흥차사의 뜻과 어울리는 문장을 찾아보세요.

1️⃣ 친구가 약속 시간에 늦을 것 같다고 해서 나는 근처 카페에 가서 기다렸어요. (   )

2️⃣ 동생이 심부름을 간 지 한 시간이 지났는데, 아직도 안 와서 걱정이에요. (   )

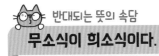 반대되는 뜻의 속담
무소식이 희소식이다. 소식이 없는 것이 오히려 나쁜 일이 없다는 뜻이에요.

118 호시탐탐

虎	視	眈	眈
호랑이 호	볼 시	노려볼 탐	노려볼 탐

 한자 뜻. 호랑이가 먹이를 잡으려고 눈을 크게 뜨고 지켜본다.

 뜻풀이. 기회를 잡으려고 조용히 기다린다.

 배경에 담긴 지혜

호랑이들은 사냥감을 발견하면 바로 달려들지 않아요. 자세를 낮추고, 사냥감이 방심할 때까지 노려보기만 하지요. 그러다가 기회라고 생각되면 갑자기 달려들어 사냥감을 잡아요. '호시탐탐'은 이러한 호랑이의 특징을 잘 살린 사자성어랍니다.

따라쓰기 호시탐탐의 뜻풀이를 따라 써보세요.

기	회	를		잡	으	려	고		조	용	히		기	다
린	다	.												

찾아보기 호시탐탐의 뜻과 어울리는 문장을 찾아보세요.

1 새끼 강아지가 어미의 간식을 노리며 주변을 맴돌았어요.   (   )

2 간식을 사러 매점에 간 철민이가 10분이 지났는데도 교실에 안 왔어요.   (   )

 비슷한 뜻의 관용어

눈에 불을 켜다. 어떤 목표를 위해 매우 열심히 하거나 기회를 잡기 위해 주의 깊게 살피는 모습을 표현하는 관용적인 말이에요.

119 환골탈태

換	骨	奪	胎
바꿀 환	뼈 골	벗어날 탈	태아 태

 한자 뜻 뼈를 바꾸고 태아(모습)를 벗어나다.

 뜻풀이 완전히 달라져서 새로운 모습이 되다.

 배경에 담긴 지혜

'환골탈태'는 옛날 중국의 <냉재야화>라는 책에서 나온 말이에요. 이 말은 글을 쓸 때, 옛날이야기를 기본으로 해서 새롭고 멋진 이야기를 만드는 것을 뜻해요. 지금은 사람이 노력해서 이전보다 훨씬 더 멋진 모습으로 변하는 것을 표현할 때 많이 사용해요. 이 사자성어는 우리가 노력해서 스스로를 더 나은 모습으로 바꿀 수 있다는 것을 가르쳐 줘요.

따라쓰기 환골탈태의 뜻풀이를 따라 써보세요.

완	전	히		달	라	져	서		새	로	운		모	습
이		되	다	.										

찾아보기 환골탈태의 뜻과 어울리는 문장을 찾아보세요.

1 희수가 양보를 하다니 안 본 사이에 많이 달라진 것 같아요. ( )

2 진서는 다리가 아파서 앉아 가려고, 빈자리가 나기만을 기다렸어요. ( )

 비슷한 뜻의 고사성어

일신우일신(日新又日新) 날마다 새로워진다는 뜻으로 계속해서 발전하고 변화하는 것을 의미해요.

144

120 희로애락

喜	怒	哀	樂
기쁠 희	성낼 로	슬플 애	즐거울 락

 한자 뜻 기쁨과 화남, 슬픔과 즐거움.

 뜻풀이 사람이 매일 느끼는 다양한 감정.

 ## 배경에 담긴 지혜

'희로애락'은 중국 유교의 가르침을 담은 책 <중용(中庸)>에서 처음 나왔어요. 이 책에서는 "희로애락 같은 감정이 없을 때를 '중(中)'이라 하고, 감정이 있어도 잘 다스리는 것을 '화(和)'라고 한다."라고 해요. '중용'은 감정을 잘 다스리는 것을 말해요. 기쁘거나 슬퍼도 지나치지 않게 하는 게 중요하다는 뜻이에요.

 따라쓰기 희로애락의 뜻풀이를 따라 써보세요.

사	람	이		매	일		느	끼	는		다	양	한	
감	정	.												

찾아보기 희로애락의 뜻과 어울리는 문장을 찾아보세요.

1 노력하면 누구나 착한 사람이 될 수 있습니다. ( )

2 사람은 기쁨, 화냄, 슬픔, 즐거움 등의 다양한 감정 표현을 합니다. ( )

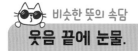 비슷한 뜻의 속담

웃음 끝에 눈물. 즐거운 일이 지나면 슬픈 일도 찾아올 수 있다는 뜻으로, 우리 삶에는 기쁜 일과 슬픈 일이 모두 있다는 의미예요.

사자성어 실전 테스트

1 사자성어의 뜻을 찾아 선으로 이어 보세요.

일취월장	매우 무서워하고 조심하다.
자업자득	자신이 한 일의 결과를 스스로 얻는다.
전전긍긍	기쁨과 화남, 슬픔과 즐거움.
풍비박산	바람이 불어 우박이 흩어진다.
희로애락	날마다 나아가고 달마다 발전한다.

2 뜻풀이를 보고, 해당하는 사자성어를 글자판에서 찾아 보세요.

뜻풀이

1. 가을은 날씨가 좋은 계절이다.
2. 아무리 실패해도 포기하지 않고 끝까지 노력하다.
3. 완전히 달라져서 새로운 모습이 되다.
4. 어떻게 해야 할지 몰라서 고민하다.
5. 사람이라면 누구나 느끼는 보통의 감정.

칠	전	팔	기	입	인
철	단	락	천	산	지
학	우	양	고	포	상
자	왕	탐	마	봉	정
피	좌	긍	비	함	장
언	왕	환	골	탈	태

사자성어는 가로, 세로 형태로 숨어 있어요.

3 아래 고사성어 또는 속담의 의미와 관련이 있는 사자성어를 보기에서 골라 보세요.

> 보기
>
> 유구무언   입신양명   촌철살인   침소봉대   학수고대   함흥차사

1 입이 열 개라도 할 말이 없다. ( )

2 말 한마디에 천 냥 빚도 갚는다. ( )

3 무소식이 희소식이다. ( )

4 일일여삼추(一日如三秋) : 하루가 삼 년처럼 느껴진다. ( )

5 금의환향(錦衣還鄉) : 비단옷을 입고 고향으로 돌아오다. ( )

6 과대황장(過大皇張) : 사실보다 지나치게 과장해서 말하다. ( )

4 문제를 보고 어울리는 사자성어를 골라 보세요.

1 고양이가 간식을 차지하려고 눈을 반짝이며 기회를 노리고 있어요.

지피지기 ( )
호시탐탐 ( )

2 상대를 이기기 위해서는 상대의 약점과 내 강점을 모두 알아야 해요.

자포자기 ( )
지피지기 ( )

3 우현이는 여러 가지로 생각하느라 결정을 내리지 못했어요.

우유부단 ( )
호시탐탐 ( )

4 그 선수는 경기가 잘 안 풀리자 모든 것을 포기한 듯이 자리에 주저앉았어요.

우유부단 ( )
자포자기 ( )

문해력을
키워주는
사자성어

121 각양각색

各	樣	各	色
각각 각	모양 양	각각 각	색깔 색

 한자 뜻 각각의 모양과 색깔.

 뜻풀이 사람이나 사물의 종류가 제각기 다름.

배경에 담긴 지혜

'각양각색'은 사람이나 사물의 모양과 색이 모두 다르다는 뜻이에요. 이 말은 세상에는 다양한 것들이 있고 그 다양함을 인정하고 존중해야 한다는 것을 알려줘요. 서로 다른 사람과 생각이 모여 더 좋은 세상을 만들 수 있어요. 각자 다름을 이해하고 받아들이면 친구들과 사이좋게 지낼 수 있답니다.

따라쓰기 │ 각양각색의 뜻풀이를 따라 써보세요.

사	람	이	나		사	물	의		종	류	가		제	각
기		다	름	.										

낱말 뜻 제각기 : 각자 저마다

찾아보기 │ 각양각색의 뜻과 어울리는 문장을 찾아보세요.

1 우리 반 친구들은 선생님 신호에 따라 질서를 지켜 길을 건넜어요. (   )

2 우리 반 친구들은 외모도 다르고 성격도 제각각이지만 모두 친하게 지내요. (   )

비슷한 뜻의 사자성어
천차만별(千差萬別) 천 가지 차이와 만 가지 구별이라는 뜻으로 물건이나 상황이 아주 다양하고 서로 다르다는 것을 의미해요.

감탄고토

甘	呑	苦	吐
달 감	삼킬 탄	쓸 고	토할 토

 한자 뜻 달면 삼키고 쓰면 뱉는다.

 뜻풀이 자기에게 좋은 일은 하고, 좋지 않은 일은 하지 않는다.

 배경에 담긴 지혜

'감탄고토'는 "달면 삼키고 쓰면 뱉는다."라는 속담이 사자성어로 된 말이에요. 이는 자신에게 좋은 것만 선택하고 나쁜 것은 버리는 이기적인 태도를 말해요. 인간관계에서 이기주의를 조심하라는 교훈을 줘요. 우리는 친구를 배려하고 도와주며 믿음을 쌓아야 해요.

 따라쓰기 감탄고토의 뜻풀이를 따라 써보세요.

자	기	에	게		좋	은		일	은		하	고	,	좋
지		않	은		일	은		하	지		않	는	다	.

찾아보기 감탄고토의 뜻과 어울리는 문장을 찾아보세요.

1 엄마가 사온 과일은 모양도 색깔도 전부 달랐어요. ( )

2 동생은 엄마가 칭찬하면 잘 듣지만 잔소리하면 들으려 하지 않아요. ( )

비슷한 뜻의 속담

내 코가 석 자.

내가 너무 바쁘거나 힘들어서 다른 사람을 도울 수 없는 상황을 비유하는 표현이에요.

123 거두절미

 한자 뜻 머리를 없애고 꼬리를 자르다.

 뜻풀이 앞뒤를 잘라 버리고 중요한 내용만 말하거나 쓴다.

去	頭	截	尾
없앨 거	머리 두	끊을 절	꼬리 미

 배경에 담긴 지혜

옛날 중국의 진나라 때 '이사'라는 사람이 있었어요. '이사'가 법치주의를 설명하려고 하자 황제가 "앞뒤를 자르고 요점만 말해라."라고 했어요. 그래서 '거두절미'는 불필요한 부분을 빼고 중요한 내용만 전달한다는 뜻이 되었어요. 예를 들어 친구에게 중요한 일을 이야기할 때 핵심만 전하는 것이 해당돼요. 우리가 말할 때도 중요한 것을 잘 표현하는 게 필요해요.

따라쓰기 거두절미의 뜻풀이를 따라 써보세요.

앞	뒤	를		잘	라		버	리	고		중	요	한	
내	용	만		말	하	거	나		쓴	다	.			

찾아보기 거두절미의 뜻과 어울리는 문장을 찾아보세요.

1 담임 선생님은 중요한 것만 골라 말해서 내용을 이해하기가 쉬웠어요.　　（　　）

2 사람들은 그의 말이 도움이 안 된다고 생각했는지 집중해서 듣지 않았어요.（　　）

 비슷한 뜻의 사자성어

단도직입(單刀直入)　　말을 하거나 일을 할 때 바로 중요한 이야기부터 시작한다는 뜻이에요.

124 격세지감

隔	世	之	感
사이뜰 격	세상 세	~의 지	느낄 감

 한자 뜻 시대가 많이 달라진 느낌.

 뜻풀이 세상이 많이 변해서 마치 다른 세상처럼 느껴진다.

 배경에 담긴 지혜

'격세지감'은 시간이 지나면서 세상이 많이 변해 옛날과 완전히 달라졌다고 느낄 때 쓰는 말이에요. 예를 들어 할머니가 어릴 때는 휴대폰이 없었지만 지금은 모두가 휴대폰을 쓰고 있어요. 이런 큰 변화를 보고 우리는 '격세지감'을 느낀다고 해요. 엄청난 속도로 변하는 세상에 맞춰 우리는 새로운 것을 배우고 이에 적응해야 해요.

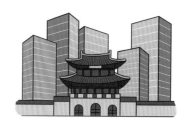

 따라쓰기 격세지감의 뜻풀이를 따라 써보세요.

세	상	이		많	이		변	해	서		마	치		다
른		세	상	처	럼		느	껴	진	다	.			

낱말 뜻 세상: 사람들이 사는 지구와 그 안에 있는 모든 곳.

 찾아보기 격세지감의 뜻과 어울리는 문장을 찾아보세요.

1 어릴 적 놀던 동네에 아파트가 들어선 걸 보니 세상이 정말 많이 변한 걸 느꼈어요. (　　)

2 아저씨는 동네를 바꾸기 위한 계획으로 중요한 내용만 콕 짚어 말했어요. (　　)

비슷한 뜻의 속담
십 년이면 강산도 변한다.　세월이 흐르면 모든 것이 바뀐다는 뜻이에요.

125 관포지교

管	鮑	之	交
성씨 관	성씨 포	~의 지	우정 교

 한자 뜻 관중과 포숙의 우정.

 뜻풀이 친구 사이의 두터운 우정.

🌳 배경에 담긴 지혜

'관포지교'는 중국의 '관중'과 '포숙'의 깊은 우정을 나타내는 말이에요. '관중'과 '포숙'은 어릴 적부터 친한 친구였어요. 나중에 두 사람은 서로 다른 나라에서 일하게 되어 적이 되었지만 '포숙'은 '관중'이 전쟁에서 포로가 되자 그의 능력을 믿고 자신의 왕에게 '관중'을 도와달라고 부탁했어요. 왕은 '포숙'의 진심과 두 사람의 우정에 감동하여 '관중'을 구해주었고 '관중'은 나라를 위해 열심히 일했어요. 이처럼 '관포지교'는 진정한 친구 사이의 깊은 우정을 뜻하는 말이에요.

따라쓰기 관포지교의 뜻풀이를 따라 써보세요.

친	구		사	이	의		두	터	운		우	정	.

낱말 뜻 두텁다 : 믿음, 관계가 매우 굳고 깊다. | 두껍다 : 두께가 보통보다 크다.

띄어쓰기 친구 사이 (O) | 친구사이 (X)

찾아보기 관포지교의 뜻과 어울리는 문장을 찾아보세요.

1. 작년에 전학을 가며 떠났던 동네에 다시 가봤는데 몰라보게 달라졌어요. (   )

2. 예서와 정희는 어릴 때부터 단짝이더니 중학교 때에도 쭉 친구로 지냈어요. (   )

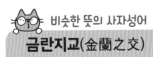

🐱 비슷한 뜻의 사자성어

금란지교(金蘭之交) 금과 난초처럼 매우 귀중하고 아름다운 우정을 의미해요.

126

교각살우

 한자 뜻 뿔을 바로잡으려다가 소를 죽이다.

 뜻풀이 사소한 잘못을 바로잡으려다가
더 큰 일을 망친다.

矯	角	殺	牛
바로잡을 교	뿔 각	죽일 살	소 우

 배경에 담긴 지혜

옛날 중국에서는 제사에 쓰기 위해 소의 뿔이 똑바로 뻗은 것을 중요하게 여겼어요. 어떤 사람이 소의 뿔이 비뚤어진 것을 보고 뿔을 바로잡으려다 너무 힘을 주어 소를 죽이고 말았어요. '교각살우'는 이 이야기에서 유래되었어요. 작은 문제를 고치려다 더 큰 문제를 일으킬 수 있다는 교훈을 줍니다. 사소한 실수를 바로잡으려다 전체를 망칠 수 있으니 항상 신중하게 생각하고 조심해야 한다는 뜻이에요.

 따라쓰기 교각살우의 뜻풀이를 따라 써보세요.

| 사 | 소 | 한 | | 잘 | 못 | 을 | | 바 | 로 | 잡 | 으 | 려 | 다 | 가 |
| 더 | | 큰 | | 일 | 을 | | 망 | 친 | 다 | . | | | | |

낱말 뜻 잘못: 바르지 않거나 틀린 일이나 행동.

 찾아보기 교각살우의 뜻과 어울리는 문장을 찾아보세요.

1 그림에 붙은 먼지를 떼려다가 그만 손자국이 남아 그림을 망치고 말았어요. (   )

2 정아와 현서는 오랜 친구답게 서로 도와가며 교실을 깨끗이 청소했어요. (   )

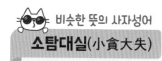 비슷한 뜻의 사자성어
소탐대실(小貪大失) 작은 것에 욕심을 가지다가 큰 것을 잃는다는 의미예요.

127 교언영색

巧	言	令	色
공교할 교	말씀 언	아름다울 령	얼굴빛 색

 한자 뜻 교묘한 말과 보기 좋게 꾸민 얼굴.

 뜻풀이 진실한 마음이 없이 겉모습이나 말로 남을 속이는 행동.

 ## 배경에 담긴 지혜

'교언영색'은 '공자'의 <논어>에서 나온 말이에요. '공자'는 "말을 잘 꾸미고 그럴듯한 표정을 짓는 사람은 착한 마음이 드물다."라고 했어요. 이 말은 겉모습만 꾸미려는 태도를 조심하라는 뜻이에요. '공자'는 진정으로 착한 마음을 가지는 것이 중요하다고 했어요. '교언영색'은 다른 사람에게 신실하고 정직하게 대하는 것이 중요하다고 가르쳐 줘요.

 따라쓰기 교언영색의 뜻풀이를 따라 써보세요.

진	실	한		마	음	이		없	이		겉	모	습	이
나		말	로		남	을		속	이	는		행	동	.

찾아보기 교언영색의 뜻과 어울리는 문장을 찾아보세요.

1️⃣ 현정이는 수행 점수를 잘 받으려고 선생님에게 진심에도 없는 아부를 했어요. (   )

2️⃣ 숙제를 완벽하게 하려고 자꾸 고치다가 결국 정해진 날짜에 내지 못했어요. (   )

 비슷한 뜻의 사자성어

표리부동(表裏不同) 겉과 속이 다르다는 뜻이에요. 사람의 마음과 행동이 다를 때 사용하는 말이에요.

128 교우이신

交	友	以	信
사귈 교	벗 우	~로써 이	믿을 신

 한자 뜻 친구를 사귈 때는 믿음으로 한다.

 뜻풀이 친구를 사귈 때는 믿음을 바탕으로 하라.

 배경에 담긴 지혜

'교우이신'은 신라 화랑도의 다섯 가지 규칙인 세속오계 중 하나예요. 친구를 사귈 때는 믿음과 신뢰를 바탕으로 해야 한다는 뜻이에요. '원광법사'가 화랑들에게 가르친 이 규칙은 신라 시대에 중요한 가르침이었고 인간관계에서 진실한 신뢰가 얼마나 중요한지를 강조합니다. 이는 친구 관계뿐만 아니라 모든 인간관계에서 꼭 필요한 것이랍니다.

따라쓰기 교우이신의 뜻풀이를 따라 써보세요.

친	구	를		사	귈		때	는		믿	음	을		바
탕	으	로		하	라	.								

낱말 뜻 사귀다 : 서로 얼굴을 기억하며 친하게 지내다.

찾아보기 교우이신의 뜻과 어울리는 문장을 찾아보세요.

1 약속 시간에 늦은 친구는 학원이 늦게 끝났다며 핑계를 댔어요. ( )

2 약속 시간이 지나도록 연락이 없었지만 친구가 반드시 올 거라고 믿었어요. ( )

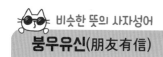 비슷한 뜻의 사자성어
붕우유신(朋友有信) 친구 사이에는 믿음이 있어야 한다는 뜻이에요.

157

129 구우일모

 한자 뜻 아홉 마리의 소 중에 한 가닥의 털.

 뜻풀이 매우 많은 것 중에서 아주 적은 부분.

九	牛	一	毛
아홉 구	소 우	하나 일	털 모

 배경에 담긴 지혜

'구우일모'는 아홉 마리 소 중 한 가닥의 털이라는 뜻으로 전체에 비해 아주 적은 부분을 가리켜요. 이 말은 중요한 일에 집중하고 작은 것에 너무 신경 쓰지 말라는 뜻이에요. 작은 문제에 매달리다 보면 큰 것을 잃는 실수를 할 수 있답니다.

따라쓰기 구우일모의 뜻풀이를 따라 써보세요.

매	우		많	은		것		중	에	서		아	주	
적	은		부	분	.									

낱말 뜻 적다 : 숫자나 양이 많지 않다. | 작다 : 크기가 크지 않다.

찾아보기 구우일모의 뜻과 어울리는 문장을 찾아보세요.

1 축제를 열기까지 여러 사람들이 정말 많은 고생을 했습니다. ( )

2 형이 공부한 것에 비하면 시험에서 한 문제 틀린 건 정말 작은 부분이에요. ( )

비슷한 뜻의 관용어
바늘구멍으로 하늘 보기. 전체를 보지 않고 아주 작은 부분만 보고 판단하는 것을 뜻하는 말이에요.

130 근묵자흑

 한자 뜻 먹을 가까이하면 점점 검게 변한다.

 뜻풀이 나쁜 사람과 가까이 지내면 나쁜 영향을 받게 된다.

近	墨	者	黑
가까울 근	먹 묵	~한사람 자	검을 흑

 ### 배경에 담긴 지혜

'근묵자흑'은 중국의 위인 '순자'의 책 <순자>에서 나온 말이에요. "먹을 가까이하면 검게 된다."라는 뜻으로, 나쁜 친구나 환경을 가까이하면 우리도 나빠질 수 있다는 의미예요. '순자'는 좋은 친구와 환경의 중요성을 가르쳤어요. 그래서 우리는 항상 긍정적인 친구들과 어울려야 해요. 좋은 사람들과 함께하면 우리도 더 좋은 사람이 될 수 있어요.

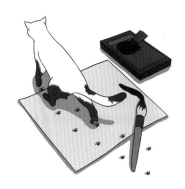

따라쓰기 근묵자흑의 뜻풀이를 따라 써보세요.

나	쁜		사	람	과		가	까	이		지	내	면	
나	쁜		영	향	을		받	게		된	다	.		

찾아보기 근묵자흑의 뜻과 어울리는 문장을 찾아보세요.

1️⃣ 동주와 민준이는 초등학교 때부터 항상 서로를 믿고 의지하며 지내왔어요.　(　　)

2️⃣ 현수는 나쁜 형들과 어울리면서 점점 나쁜 행동을 하기 시작했어요.　(　　)

 비슷한 뜻의 사자성어
맹모삼천(孟母三遷)

맹자의 어머니가 세 번 이사했다는 뜻으로 공부할 때는 환경이 중요함을 일깨워줘요.

131 기사회생

起	死	回	生
일어날 기	죽을 사	돌아올 회	살 생

 한자 뜻 죽음에서 일어나 다시 살아난다.

 뜻풀이 거의 실패하거나 끝난 상황에서 다시 잘 되는 것.

배경에 담긴 지혜

'기사회생'은 거의 죽을 뻔한 상황에서 다시 살아나는 것을 의미해요. 이 표현은 위기 상황에서 극적으로 회복할 때 사용됩니다. 중국의 의사 '공손작'은 죽은 사람도 살릴 수 있다고 주장했으며, 이때 '기사회생'이라는 표현을 사용했다고 전해져요.

따라쓰기 기사회생의 뜻풀이를 따라 써보세요.

거	의		실	패	하	거	나		끝	난		상	황	에
서		다	시		잘		되	는		것	.			

찾아보기 기사회생의 뜻과 어울리는 문장을 찾아보세요.

1 사나운 개랑 어울려서 그런지 우리 집 강아지가 갑자기 사나워졌어요.　　（　　）

2 우리 강아지는 수술을 잘 받아서 다행히도 건강하게 살 수 있게 됐어요.　　（　　）

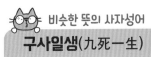 비슷한 뜻의 사자성어

구사일생(九死一生)　죽을 뻔한 위기를 여러 번 넘기고 겨우 산다는 뜻이에요.

160

다사다난

 한자 뜻 일도 많고 어려움이 많다.

 뜻풀이 많은 사건과 문제들이 발생하는 상황.

多	事	多	難
많을 다	일 사	많을 다	어려움 난

배경에 담긴 지혜

지구 어디서나 누구에게나 1년 동안 여러 가지 일이 생기기 마련이에요. 그래서 사람들은 연말이 되면 지난 한 해를 돌아보며 '다사다난'이라는 표현을 많이 사용해요. '다사다난'은 여러 가지 사건과 일이 많았다는 뜻이에요. 이 표현은 한 해 동안 있었던 일들과 그동안의 노력과 경험을 떠올리는 데 도움이 돼요.

따라쓰기   다사다난의 뜻풀이를 따라 써보세요.

많	은		사	건	과		문	제	들	이		발	생	하
는		상	황	.										

찾아보기   다사다난의 뜻과 어울리는 문장을 찾아보세요.

1 아버지께서 교통사고를 당하셨는데 크게 다치지 않으셔서 천만다행이에요. (   )

2 엄마가 입원하시고, 아빠도 일하시다 다치셔서 올해는 정말 힘든 해였어요. (   )

비슷한 뜻의 사자성어
우여곡절(迂餘曲折)   구불구불하고 꺾인 길이라는 뜻으로 일이 복잡하게 얽혀 어려운 상황을 겪는 과정을 비유적으로 표현하는 말이에요.

133 대의명분

大	義	名	分
클 대	의리 의	이름 명	나눌 분

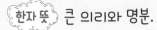 한자 뜻) 큰 의리와 명분.

뜻풀이) 일을 할 때에는 그 일이 올바른 이유가 있어야 한다.

 ## 배경에 담긴 지혜

'대의명분'에서 '대의'는 사람이 꼭 지켜야 하는 바른 행동을 의미하고 '명분'은 어떤 일을 하는 이유를 말해요. 사람은 어떤 행동을 할 때 그 이유를 중요하게 생각해요. 그 이유가 올바른 방법에서 나온 것이라면 그 행동은 옳다고 할 수 있어요. 그래서 바른 이유와 방법으로 시작하는 행동은 사회를 좋게 만드는 데 매우 중요해요.

따라쓰기   대의명분의 뜻풀이를 따라 써보세요.

일	을		할		때	에	는		그		일	이		올
바	른		이	유	가		있	어	야		한	다	.	

찾아보기   대의명분의 뜻과 어울리는 문장을 찾아보세요.

1 모든 선수는 부정한 방법을 쓰지 않고 경기에 정정당당하게 임해야 합니다. (   )

2 이번 대회는 사고도 많았지만 무사히 끝나서 참 다행입니다. (   )

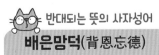 ꞏ 반대되는 뜻의 사자성어

배은망덕(背恩忘德)   은혜를 잊고 배신하는 것을 가리켜요.

도원결의

桃	園	結	義
복숭아 도	동산 원	맺을 결	의리 의

 한자 뜻 복숭아 동산에서 의형제를 맺는다.

 뜻풀이 친구끼리 서로 도와주고 끝까지 함께하겠다는 굳은 약속.

 배경에 담긴 지혜

'도원결의'는 중국의 고전 소설 <삼국지>에서 나온 말이에요. '유비', '관우', '장비' 세 사람은 복숭아나무 밭에서 서로를 형제로 삼고 돕기로 약속했어요. 이 약속은 서로를 진짜 형제처럼 아끼고 도와주겠다는 뜻이에요. 그래서 '도원결의'는 아주 굳은 친구 관계를 나타내며 친구끼리 서로 믿고 도와주는 것이 얼마나 중요한지를 알려주는 말이에요.

따라쓰기 도원결의의 뜻풀이를 따라 써보세요.

친	구	끼	리		서	로		도	와	주	고		끝	까
지		함	께	하	겠	다	는		굳	은		약	속	.

낱말 뜻 약속하다 : 다른 사람과 앞으로 일을 어떻게 할지 미리 정하다.

찾아보기 도원결의의 뜻과 어울리는 문장을 찾아보세요.

1 봉사활동을 하면서 힘든 일도 많았지만 보람도 많이 느꼈어요. (   )

2 철수와 민수는 어려울 때마다 서로 도와주며 함께하겠다고 다짐했어요. (   )

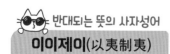 반대되는 뜻의 사자성어

이이제이(以夷制夷) 한 사람을 이용해서 다른 사람을 이기려는 것을 뜻해요. 서로 믿지 않고 이용하는 관계를 나타내요.

135 두문불출

杜	門	不	出
닫을 두	문 문	아닐 불	나갈 출

 한자 뜻 문을 닫고 나가지 않는다.

 뜻풀이 집이나 방 안에만 머물러서 밖으로 나오지 않는 것.

배경에 담긴 지혜

'두문불출'은 고려 말기와 조선 초기에 나라가 바뀔 때 자신의 믿음을 지키기 위해 문을 닫고 집에만 있었던 충신들의 이야기에서 나온 말입니다. 이들은 조선이 새로 시작되었을 때 새로운 왕의 부름을 거절하고 외부와의 만남을 끊고 집에만 있었어요. 이 말은 외부의 압력에도 굴히지 않고 자신이 믿는 것을 지키는 마음을 나타내며, 개인적인 문제를 해결하기 위해 외부와 접촉하지 않고 집에만 있는 경우를 표현할 때 쓰이기도 해요.

따라쓰기 두문불출의 뜻풀이를 따라 써보세요.

집	이	나		방		안	에	만		머	물	러	서
밖	으	로		나	오	지		않	는		것	.	

낱말 뜻 밖 : 바깥이 되는 쪽. | 박 : 집을 떠나 다른 곳에서 지내는 밤의 횟수.

찾아보기 두문불출의 뜻과 어울리는 문장을 찾아보세요.

1 형은 발명 동아리를 만들기 위해 같이 활동할 친구들을 모으러 다녔어요.   (   )

2 형은 발명품을 만들 때까지 방에서 안 나가겠다고 했어요.   (   )

 반대되는 뜻의 사자성어

동분서주(東奔西走) 동쪽으로 뛰고 서쪽으로 달린다는 뜻으로 여기저기 바쁘게 돌아다니며 열심히 일하거나 노력하는 것을 의미해요.

마부작침

磨	斧	作	針
갈 마	도끼 부	만들 작	바늘 침

 한자 뜻 도끼를 갈아서 바늘을 만들다.

 뜻풀이 작은 노력이라도 계속하면 큰 일을
이룰 수 있다.

 배경에 담긴 지혜

옛날 중국의 시인 '이백'은 공부가 잘 되지 않던 어느 날, 한 할머니가 큰 도끼를 바위에 열심히 갈고 있는 모습을 보았어요. 중간에 그만 두지 않으면 도끼를 갈아 바늘로 만들 수 있다는 노파의 말에 '이백'은 깨달음을 얻게 되었죠. 작은 일이라도 포기하지 않고 계속하면 좋은 결과를 얻을 수 있다는 생각에 더 열심히 공부했어요. '마부작침'은 이 이야기에서 나왔어요.

따라쓰기 마부작침의 뜻풀이를 따라 써보세요.

작	은		노	력	이	라	도		계	속	하	면		큰
일	을		이	룰		수		있	다	.				

낱말 뜻 이루다 : 생각하거나 바란 것이 실제로 되게 하다. | 이르다 : 정해진 시간보다 빠르다.

띄어쓰기 이룰 수 있다 (O) | 이룰수 있다 (X)

찾아보기 마부작침의 뜻과 어울리는 문장을 찾아보세요.

1 민수는 매일 조금씩 공부해서 결국 어려운 문제도 풀 수 있게 되었어요. (　　)

2 누나는 시험에 떨어진 것이 너무 슬퍼서 며칠째 방에서 나오지 않았어요. (　　)

비슷한 뜻의 속담
 **천 리 길도 한 걸음부터.**　　아무리 먼 길도 한 걸음부터 시작된다는 의미로, 큰 일도 작은 일부터 시작해야 한다는 뜻이에요.

137 맹모삼천

 한자 뜻 맹자의 어머니가 세 번 이사하다.

 뜻풀이 좋은 환경에서 자라야 아이가 잘 성장할 수 있다.

孟	母	三	遷
맹자의 맹	어머니 모	셋 삼	옮길 천

 ## 배경에 담긴 지혜

'맹모삼천'은 중국의 위인 '맹자'의 어머니가 아들의 교육을 위해 세 번 이사한 이야기에서 유래된 말이에요. 처음에는 시장 근처로 이사했지만 '맹자'가 장사꾼을 따라다니며 놀자, 교육에 좋지 않다고 생각해 다른 곳으로 옮겼어요. 두 번째로는 공동묘지 근처로 갔으나 '맹자'가 장례식 놀이에 빠지자 다시 이사했어요. 마지막으로 학교 근처로 이사하자 '맹자'는 공부에 열중하게 되었어요. 이 이야기는 아이가 좋은 환경에서 자라야 잘 배울 수 있다는 교훈을 전해줍니다.

 따라쓰기 맹모삼천의 뜻풀이를 따라 써보세요.

좋	은		환	경	에	서		자	라	야		아	이	가
잘		성	장	할		수		있	다	.				

낱말 뜻 환경 : ① 생물의 삶에 영향을 주는 자연 조건. ② 주변 상태.

찾아보기 맹모삼천의 뜻과 어울리는 문장을 찾아보세요.

1 저는 열심히 노력해서 도서관에 있는 책들을 모두 읽었어요. ( )

2 우리 가족은 제가 책을 많이 읽도록 도서관 근처로 이사했어요. ( )

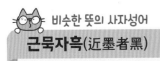 비슷한 뜻의 사자성어
근묵자흑(近墨者黑) 먹을 가까이 두면 검게 된다는 뜻으로 나쁜 사람과 친해지면 함께 나빠짐을 비유해요.

138 명불허전

名	不	虛	傳
이름 명	아닐 불	빌 허	전할 전

 한자 뜻 이름이나 평판이 헛되이 전해지지 않았다.

 뜻풀이 이름에 걸맞은 실력을 갖추고 있다.

 배경에 담긴 지혜

'명불허전'은 중국의 '맹상군'이라는 사람의 이야기에서 나온 말이에요. '맹상군'은 사람들에게 매우 친절하고 훌륭한 사람이었어요. 그래서 그에 대한 좋은 소문이 많이 퍼졌죠. 어떤 사람이 '맹상군'의 소문을 듣고 직접 만나보니 소문이 사실이라는 것을 알게 되었어요. 이 말은 좋은 소문이나 평판이 그냥 생긴 것이 아니라 실제로 그만한 이유가 있다는 뜻이에요.

 따라쓰기 명불허전의 뜻풀이를 따라 써보세요.

이	름	에		걸	맞	은		실	력	을		갖	추	고
있	다	.												

낱말 뜻 걸맞다 : 어떤 것이 다른 것과 잘 어울리거나 맞다.

찾아보기 명불허전의 뜻과 어울리는 문장을 찾아보세요.

1 그 식당은 10년이 지나도 여전히 맛있어서 '10년 맛집'이라고 불려요. ( )

2 맛집 가게 근처로 이사했더니 신기하게도 엄마의 요리 실력이 늘었어요. ( )

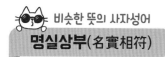 **비슷한 뜻의 사자성어**
명실상부(名實相符) 이름과 실제 모습이 꼭 맞아, 이름이나 좋은 소문이 사실과 일치한다는 뜻이에요.

139 백골난망

白	骨	難	忘
흰 백	뼈 골	어려울 난	잊을 망

 한자 뜻 죽은 뒤에도 잊기 어렵다.

 뜻풀이 누군가의 큰 은혜나 도움을 평생 잊지 못한다.

 배경에 담긴 지혜

'백골난망'은 중국의 옛날이야기에서 전해진 말로 죽어서 뼈가 되어도 받은 은혜를 잊지 않겠다는 뜻이에요. 이 말은 누군가에게 큰 도움을 받았을 때 그 은혜를 절대 잊지 않겠다는 강한 감사의 마음을 표현할 때 사용한답니다.

 따라쓰기 백골난망의 뜻풀이를 따라 써보세요.

누	군	가	의		큰		은	혜	나		도	움	을	
평	생			잊	지		못	한	다	.				

낱말 뜻 -(으)ㄴ 후에 : ① 앞의 일을 한 다음. 예) 씻은 후에 잠을 자요.
② 뒤를 말할 때 쓰는 표현.

띄어쓰기 큰 은혜 (O) | 큰은혜 (X)

찾아보기 백골난망의 뜻과 어울리는 문장을 찾아보세요.

1 어릴 때 받은 큰 도움을 잊지 못해 그는 어려운 사람들을 도왔어요. (　　)

2 '하늘에서 내려온 천사'라는 별명답게 그녀는 어려운 사람을 많이 도왔어요. (　　)

 반대되는 뜻의 속담
물에 빠진 놈 건져 놓으니까 내 봇짐 내라 한다. 도와줬더니 오히려 은혜를 잊고 더 큰 요구를 한다는 뜻이에요.

140 사생결단

死	生	決	斷
죽을 사	살 생	결단할 결	결단할 단

 한자 뜻 죽고 사는 문제를 결단한다.

 뜻풀이 죽음을 각오하고 끝까지 해내려는 강한 결심.

 배경에 담긴 지혜

'사생결단'은 죽음을 각오하고 반드시 해내겠다는 강한 결심을 표현하는 말이에요. 주로 전쟁이나 삶과 죽음을 가르는 중요한 상황에서 많이 사용됐어요. 병사들이 전투에서 목숨을 걸고 싸우는 것처럼 어떤 일이든지 끝까지 이루겠다는 의지를 나타내지요. 지금도 중요한 결정을 할 때 이 말이 사용돼요.

따라쓰기 사생결단의 뜻풀이를 따라 써보세요.

죽	음	을		각	오	하	고		끝	까	지		해	내
려	는		강	한		결	심	.						

낱말 뜻 각오 : 어떤 일을 하기 전에 마음을 단단히 먹고 결심하는 것.

찾아보기 사생결단의 뜻과 어울리는 문장을 찾아보세요.

1 그 군인은 임무를 해내겠다는 결심으로 끝까지 싸웠어요.　　　　　　(　)

2 팔 힘이 강한 현우는 무거운 짐을 들고 가는 할머니들을 보면 늘 도와줘요.　(　)

비슷한 뜻의 관용어

물불을 가리지 않다. 어려움이나 위험을 두려워하지 않고 끝까지 해내려는 태도를 비유하는 말이에요.

169

사자성어 실전 테스트

1 사자성어의 뜻을 찾아 선으로 이어 보세요.

감탄고토 ●   ● 달면 삼키고 쓰면 뱉는다.

교각살우 ●   ● 먹을 가까이 하면 점점 검게 변한다.

근묵자흑 ●   ● 복숭아 동산에서 의형제를 맺는다.

다사다난 ●   ● 일도 많고 어려움이 많다.

도원결의 ●   ● 뿔을 바로잡으려다가 소를 죽이다.

2 뜻풀이를 보고, 해당하는 사자성어를 글자판에서 찾아 보세요.

뜻풀이

1. 사람이나 사물의 종류가 제각기 다름.
2. 일을 할 때에는 그 일이 올바른 이유가 있어야 한다.
3. 이름에 걸맞은 실력을 갖추고 있다.
4. 좋은 환경에서 자라야 아이가 잘 성장할 수 있다.
5. 죽음을 각오하고 끝까지 해내려는 강한 결심.

의	명	맹	모	삼	천
신	불	탄	각	산	영
사	허	회	양	거	난
생	전	포	각	골	출
결	묵	마	색	침	우
단	대	의	명	분	감

사자성어는 가로, 세로 형태로 숨어 있어요.

3 아래 사자성어 또는 속담의 의미와 관련이 있는 사자성어를 보기에서 골라 보세요.

> 보기
> 격세지감   관포지교   교언영색   기사회생   마부작침   구우일모

1 십 년이면 강산도 변한다.   (   )

2 천 리 길도 한 걸음부터.   (   )

3 금란지교(金蘭之交) : 금과 난초처럼 매우 귀중하고 아름다운 우정.   (   )

4 바늘구멍으로 하늘 보기.   (   )

5 표리부동(表裏不同) : 겉과 속이 다르다.   (   )

6 구사일생(九死一生) : 아홉 번 죽을 뻔하다 한 번 살아난다.   (   )

4 문제를 보고 어울리는 사자성어를 골라 보세요.

1 당신의 큰 은혜는 죽어서도 결코 잊지 않겠습니다.   거두절미 (   )
백골난망 (   )

2 저는 친구 사이에는 언제나 진실하고 신뢰해야 한다고 믿어요.   교우이신 (   )
두문불출 (   )

3 언니는 며칠째 방에 틀어박혀서 집 밖으로 한 발짝도 나가지 않았어요.   두문불출 (   )
백골난망 (   )

4 불필요한 부분은 빼고, 핵심만 간단히 말씀해 주세요.   거두절미 (   )
교우이신 (   )

산전수전

 한자 뜻 산에서의 싸움과 물에서의 싸움.

 뜻풀이 여러 가지 힘들고 어려운 경험을 다 겪다.

山	戰	水	戰
산 산	싸움 전	물 수	싸움 전

 배경에 담긴 지혜

'산전수전'은 산에서의 전투와 물에서의 전투라는 의미예요. 사람들은 살아가면서 위험한 상황에 처하기도 하고 다양한 어려움을 겪기도 해요. 특히 전쟁과 같이 목숨을 걸고 싸워야 하는 상황에 처한다면 더욱 힘들고 위험하겠지요. 온갖 어려움과 고생을 겪고 그것을 잘 극복한 경우를 가리킬 때 '산전수전'이라는 사자성어를 사용해요.

 따라쓰기 산전수전의 뜻풀이를 따라 써보세요.

여	러		가	지		힘	들	고		어	려	운		경
험	을		다		겪	다	.							

띄어쓰기 다 겪다 (O) ㅣ 다겪다 (X)

찾아보기 산전수전의 뜻과 어울리는 문장을 찾아보세요.

1 이 시합에서 이기기 위해 감독은 뼈아픈 결정을 내리기로 했어요. ( )

2 민수가 일등이 되기까지 겪은 어려움은 정말 많았어요. ( )

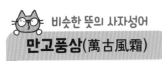 비슷한 뜻의 사자성어
만고풍상(萬古風霜) 오랜 시간 바람과 서리를 맞았다는 뜻으로 오랫동안 고생을 겪었음을 비유해요.

142 상부상조

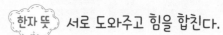 **한자 뜻** 서로 도와주고 힘을 합친다.

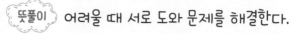 **뜻풀이** 어려울 때 서로 도와 문제를 해결한다.

相	扶	相	助
서로상	도울부	서로상	도울조

🌳 배경에 담긴 지혜

'상부상조'는 옛날에 이웃들이 함께 농사일을 돕던 모습에서 유래했어요. 이 사자성어는 어떤 일을 혼자 하기 어려울 때 친구나 이웃과 함께하면 더 쉽게 문제를 해결할 수 있다는 지혜를 담고 있어요. 서로 도우면 힘이 커지고 함께 더 많은 일을 할 수 있다는 중요한 가르침을 준답니다.

따라쓰기 상부상조의 뜻풀이를 따라 써보세요.

어	려	울		때		서	로		도	와		문	제	를
해	결	한	다	.										

낱말 뜻 서로 : 짝이 되거나 관계를 맺고 있는 상대.

🔍 찾아보기 상부상조의 뜻과 어울리는 문장을 찾아보세요.

1 저 친구들은 낮이든 밤이든 하루 종일 대여섯 명씩 몰려다녀요.   (   )

2 친구들이 모두 함께 청소를 도와주니까 금방 끝낼 수 있었어요.   (   )

🐱 반대되는 뜻의 사자성어
아전인수(我田引水) 내 논에만 물을 준다는 뜻으로 자신의 이익만 생각하고 행동함을 가리켜요.

신출귀몰

神	出	鬼	沒
신 신	나타날 출	귀신 귀	빠질 몰

 한자 뜻 신처럼 나타나고 귀신처럼 사라진다.

 뜻풀이 움직임이 매우 빠르고 자유자재로 나타났다 사라지는 것.

 ## 배경에 담긴 지혜

'신출귀몰'은 중국의 옛날이야기책 <회남자>에 나온 말로 신처럼 나타나고 귀신처럼 사라진다는 뜻이에요. 어디선가 나타났다가 갑자기 사라지는 모습을 가리키죠. 예를 들어 전쟁에서 적군이 예측하지 못하게 빠르게 이동해 공격하거나 후퇴하는 상황을 생각할 수 있어요. 이 사자성어는 중요한 순간에 빠르고 조심스럽게 행동하는 것이 얼마나 중요한지를 알려준답니다.

동에 번쩍!

서에 번쩍!

따라쓰기 신출귀몰의 뜻풀이를 따라 써보세요.

움	직	임	이		매	우		빠	르	고		자	유	자
재	로		나	타	났	다		사	라	지	는		것	.

낱말 뜻 나타나다 : 보이지 않던 어떤 것의 모습이 드러나다.
사라지다 : 보이던 어떤 것이 안 보이게 되다.

찾아보기 신출귀몰의 뜻과 어울리는 문장을 찾아보세요.

1 그 장군은 그림자처럼 움직여 적군이 그의 행동을 예측하지 못했어요.　　(　)

2 동주는 서로 돕고 살아야 한다며 많은 사람의 부탁을 거절하지 않아요.　　(　)

비슷한 뜻의 관용어
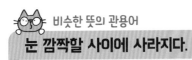 **눈 깜짝할 사이에 사라지다.**　　매우 빠르고 갑작스럽게 사라지는 상황을 표현하는 말이에요.

144 심기일전

한자 뜻 마음가짐을 한 번에 바꾼다.

뜻풀이 어떠한 기회로 마음을 새롭게 먹고 다시 시작한다.

心	機	一	轉
마음 심	기회 기	한번 일	바꿀 전

배경에 담긴 지혜

'심기일전'은 마음을 새롭게 다잡고 다시 시작한다는 뜻으로 어려운 일이나 실패를 겪었을 때 포기하지 않고 다시 도전하는 것의 중요함을 담고 있어요. 누구나 힘든 일이 있을 수 있지만 '심기일전'의 마음만 있으면 언제든지 다시 시작할 수 있답니다.

따라쓰기   심기일전의 뜻풀이를 따라 써보세요.

어	떠	한		기	회	로		마	음	을		새	롭	게
먹	고		다	시		시	작	한	다	.				

찾아보기   심기일전의 뜻과 어울리는 문장을 찾아보세요.

1 영주는 공부는 안 하고 이곳저곳 나타났다 사라지며 방해만 하고 있어요.   (   )

2 준이는 시험 결과에 실망했지만 일등을 목표로 다시 공부에 집중했어요.   (   )

비슷한 뜻의 사자성어
개과천선(改過遷善)
과거의 잘못을 반성하고 착한 사람이 된다는 뜻이에요.

연목구어

緣	木	求	魚
기댈 연	나무 목	구할 구	물고기 어

 한자 뜻 나무에 올라가서 물고기를 구한다.

 뜻풀이 잘못된 방법으로 원하는 결과를 얻으려 한다.

 배경에 담긴 지혜

중국 제나라 왕이 전쟁으로 다른 나라를 차지하려고 하자 '맹자'는 그 방법이 잘못되었다며 '연목구어'를 예로 들었어요. 또한 그는 전쟁이 아닌 덕으로 나라를 다스려야 한다고 가르쳤어요. 사자성어 '연목구어'는 목표를 이루기 위해서는 올바른 방법을 선택해야 하며 잘못된 방법으로는 원하는 결과를 얻을 수 없다는 것을 알려줍니다.

따라쓰기 연목구어의 뜻풀이를 따라 써보세요.

잘	못	된		방	법	으	로		원	하	는		결	과
를		얻	으	려		한	다	.						

찾아보기 연목구어의 뜻과 어울리는 문장을 찾아보세요.

1 민지는 시험 성적을 올리기 위해 생활 습관을 완전히 바꾸기로 했어요. (　　)

2 지훈이는 공부는 안 하면서 시험을 잘 볼 수 있다고 한다. (　　)

 비슷한 뜻의 사자성어

교주고슬(膠柱鼓瑟) 접착제(아교)로 기둥을 고정해 거문고를 연주한다는 뜻으로, 융통성 없이 한 가지 방법만 고집하는 태도를 말해요.

146 오비이락

烏	飛	梨	落
까마귀 오	날 비	배나무 이	떨어질 락

 한자 뜻 까마귀가 날아가니 배가 떨어진다.

 뜻풀이 관계없는 두 일이 같이 생겨 오해를 받다.

배경에 담긴 지혜

살다 보면 아무 관계없는 두 일이 동시에 일어날 때가 있어요. 그럴 때 그저 동시에 일어났다는 이유만으로 오해가 생기기도 하죠. '오비이락'은 까마귀가 날아가는 것과 배가 떨어지는 일이 아무 관계가 없지만 동시에 일어났다는 이유만으로 억울하게 의심받거나 어려운 상황에 처하게 된다는 뜻의 사자성어예요.

따라쓰기 오비이락의 뜻풀이를 따라 써보세요.

관	계	없	는		두		일	이		같	이		생	겨
오	해	를		받	다	.								

낱말 뜻 오해 : 뜻이나 사정을 잘못 앎. | 이해 : 뜻이나 정보 등을 잘 알고 받아들임.

띄어쓰기 관계없는 (O) | 관계 없는 (X)

찾아보기 오비이락의 뜻과 어울리는 문장을 찾아보세요.

1 화분이 깨졌을 때 전 옆에 있었을 뿐인데 제가 깨뜨렸다고 오해받았어요. (　　　)

2 예지는 물을 주는 법도 모르면서 자기가 꽃을 예쁘게 키우겠다고 했어요. (　　　)

 반대되는 뜻의 속담
아니 땐 굴뚝에 연기 날까. 모든 결과에는 원인이 있다는 뜻이에요.

147 유언비어

流	言	蜚	語
흐를 류(유)	말씀 언	날 비	말씀 어

 한자 뜻 흘러 다니는 말과 날아다니는 말.

 뜻풀이 사실이 아닌 소문이 퍼져 큰 문제가 생긴다.

 배경에 담긴 지혜

'유언비어'는 중국 전한 시대의 '두영'과 '전분' 이야기에서 유래되었어요. '두영'은 청렴한 관리였지만 헛소문 때문에 '전분'에게 의심받고 억울하게 처벌받았어요. 이 이야기는 잘못된 소문이 큰 피해를 줄 수 있음을 보여줍니다. 사실이 아닌 정보는 쉽게 믿거나 함부로 피뜨리지 말아야 해요.

따라쓰기 유언비어의 뜻풀이를 따라 써보세요.

사	실	이		아	닌		소	문	이		퍼	져		큰
문	제	가		생	긴	다	.							

찾아보기 유언비어의 뜻과 어울리는 문장을 찾아보세요.

1 제가 유리창을 깼다는 말도 안 되는 소문이 퍼지고 있었어요.   (   )

2 강아지를 잡으려다가 그만 식탁 위에 있던 꽃병을 깨뜨리고 말았어요.   (   )

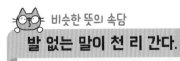 비슷한 뜻의 속담
발 없는 말이 천 리 간다.   말은 쉽게 퍼지기 때문에 말조심해야 한다는 뜻이에요.

148

이구동성

異	口	同	聲
다를이	입구	같을동	소리성

 한자 뜻 다른 입에서 같은 소리가 난다.

 뜻풀이 여러 사람이 같은 말을 한다.

 배경에 담긴 지혜

'이구동성'은 여러 사람이 같은 말을 한다는 뜻이에요. 많은 사람의 의견이나 생각이 일치하거나 어떤 목표에 대해 같은 생각을 가지고 있는 경우에 사용되지요. 사람들이 한마음으로 같은 의견을 말하면 그 힘이 얼마나 커질 수 있는지를 보여주는 말이에요.

 따라쓰기 이구동성의 뜻풀이를 따라 써보세요.

여	러		사	람	이		같	은		말	을		한	다	.

 찾아보기 이구동성의 뜻과 어울리는 문장을 찾아보세요.

1️⃣ 학생들은 모두 한목소리로 우리 반 연극이 가장 재미있었다고 말했어요. (   )

2️⃣ 갑자기 우리 반이 축제에 참여하지 않는다는 소문이 퍼지기 시작했어요. (   )

😎 비슷한 뜻의 사자성어
여출일구(如出一口) 한 입에서 나오는 것과 같다는 뜻으로 사람들의 말이 모두 똑같음을 비유해요.

149 이실직고

以	實	直	告
~대로 이	사실 실	곧을 직	알릴 고

한자 뜻 사실대로 바르게 알리다.

뜻풀이 거짓 없이 사실대로 말하다.

 배경에 담긴 지혜

'이실직고'는 중국 고전과 역사책에서 자주 등장하는 사자성어로, 신하들이 왕에게 사실을 거짓 없이 진실을 그대로 보고해야 나라가 안정되고 잘 다스려질 수 있다는 교훈을 담고 있어요. 이 말은 정직하게 사실을 말하는 것이 얼마나 중요한지 알려줘요.

따라쓰기 이실직고의 뜻풀이를 따라 써보세요.

거	짓		없	이		사	실	대	로		말	하	다	.

띄어쓰기 거짓 없이 (O) | 거짓없이 (X)

찾아보기 이실직고의 뜻과 어울리는 문장을 찾아보세요.

1 사람들은 그 사건의 범인을 용서해야 한다고 한목소리로 외쳤어요.   (   )

2 범인은 지금까지 저지른 잘못을 모두 솔직하게 말했어요.   (   )

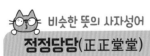 비슷한 뜻의 사자성어
정정당당(正正堂堂)   정직하고 당당하다는 뜻으로 거짓말을 하지 않고 올바르게 행동하는 태도를 말해요.

180

150 **인산인해**

人	山	人	海
사람 인	산 산	사람 인	바다 해

 한자 뜻 사람이 산과 바다처럼 많다.

 뜻풀이 사람이 매우 많이 모여 있다.

🌳 배경에 담긴 지혜

'인산인해'는 사람이 너무 많아서 마치 산과 바다를 이룬 것처럼 보인다는 뜻이에요. 축제나 큰 행사에서 사람들이 아주 많이 모여 있을 때 사용해요. 예를 들어 놀이공원에 사람들이 가득 차서 움직이기 어려운 상황을 '인산인해'라고 할 수 있어요.

따라쓰기 인산인해의 뜻풀이를 따라 써보세요.

사	람	이		매	우		많	이		모	여		있	다	.

낱말 뜻 매우 : '아주'의 의미로 어떤 것이 강하거나 심할 때 사용하는 말.

찾아보기 인산인해의 뜻과 어울리는 문장을 찾아보세요.

1 좋아하는 가수를 보러 공연장에 갔는데 사람이 정말 많았어요. (   )

2 아빠에게 학원에 안 가고 공연을 보러 갔다고 솔직히 말했어요. (   )

😺 비슷한 뜻의 사자성어

문전성시(門前成市) 문 앞이 시장을 이룬다는 뜻으로 찾아오는 사람이 매우 많은 걸 뜻이에요.

151 일장춘몽

一	場	春	夢
하나 일	장소 장	봄 춘	꿈 몽

 한자 뜻 잠깐 동안의 봄꿈.

 뜻풀이 아름답지만 금방 사라지는 꿈이나 헛된 일.

배경에 담긴 지혜

'일장춘몽'은 중국 당나라 소설 <침중기>에서 나온 말이에요. 주인공 '순우분'은 꿈에서 큰 성공과 행복을 누리지만 깨어보니 모두 꿈이었어요. 이 이야기는 인생의 좋은 일이 꿈처럼 금방 사라질 수 있다는 것을 알려줘요. 그래서 '일장춘몽'은 잠깐 동안의 화려한 꿈이나 쉽게 사라지는 일을 뜻해요.

따라쓰기   일장춘몽의 뜻풀이를 따라 써보세요.

아	름	답	지	만		금	방		사	라	지	는		꿈
이	나		헛	된		일	.							

낱말 뜻 금방 : 아주 짧은 시간 안에, 곧.

찾아보기   일장춘몽의 뜻과 어울리는 문장을 찾아보세요.

1 할아버지 댁에 가려고 기차역에 갔는데 사람이 너무 많았어요. (   )

2 할아버지는 지나간 시절을 떠올리며 꿈처럼 빨리 사라진다고 말씀하셨어요. (   )

비슷한 뜻의 속담
풀 끝의 이슬.   인생이 풀 끝의 이슬처럼 허전하고 허무하다는 뜻이에요.

일편단심

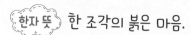

한자 뜻 한 조각의 붉은 마음.

뜻풀이 한결같은 마음이나 변하지 않는 충성심.

一	片	丹	心
하나 일	조각 편	붉을 단	마음 심

 ## 배경에 담긴 지혜

'일편단심'은 '소동파'의 시에서 유래되었고, '정몽주'의 시조 '단심가'에도 나오는 표현이에요. '이방원'의 '하여가'에 대한 답가로 "임 향한 일편단심이야 가실 줄이 있으랴."라고 쓰면서 고려 왕조에 대한 충성심을 드러냈지요. 이처럼 '일편단심'은 사랑하는 사람에 대한 변하지 않는 마음을 나타내는 표현이에요.

따라쓰기 일편단심의 뜻풀이를 따라 써보세요.

한	결	같	은		마	음	이	나		변	하	지		않
는		충	성	심	.									

찾아보기 일편단심의 뜻과 어울리는 문장을 찾아보세요.

1 아빠는 즐거웠던 학생 시절을 떠올리며 소리 없이 웃으셨어요.　　　　（　　　）

2 아빠는 학생 때부터 엄마를 변함없이 좋아해서 결혼할 수 있었대요.　　　　（　　　）

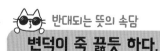 반대되는 뜻의 속담
변덕이 죽 끓듯 하다.　　마음이나 행동이 자주 변하고 일정하지 않다는 뜻이에요.

153 임전무퇴

臨	戰	無	退
임할 임	전쟁 전	없을 무	물러날 퇴

 한자 뜻 전쟁에 나가면 절대 물러서지 않는다.

 뜻풀이 어려움이 있어도 끝까지 포기하지 않는다.

 배경에 담긴 지혜

'임전무퇴'는 신라의 '화랑'들이 지켜야 할 다섯 가지 규칙인 '세속오계'에서 유래된 말로 어려운 상황에서도 포기하지 않고 끝까지 싸우겠다는 굳은 의지를 나타내는 사자성어예요.

화랑은 물러서지 않는다.

 따라쓰기 임전무퇴의 뜻풀이를 따라 써보세요.

어	려	움	이		있	어	도		끝	까	지		포	기
하	지		않	는	다	.								

찾아보기 임전무퇴의 뜻과 어울리는 문장을 찾아보세요.

1 군인들은 적이 아무리 강해도 절대 포기하지 않고 끝까지 싸웠어요.　　　(　)

2 옛날 사람들은 나라가 망해도 나라를 생각하는 마음은 변하지 않았어요.　(　)

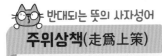 반대되는 뜻의 사자성어

주위상책(走爲上策)　　싸우지 않고 도망가는 것이 가장 좋은 방법일 때도 있다는 의미예요.

154

자격지심

自	激	之	心
스스로 자	자극받을 격	~의 지	마음 심

 한자 뜻 스스로 자극받은 마음.

 뜻풀이 자신의 부족함으로 스스로 부끄러워하는 마음.

 배경에 담긴 지혜

'자격지심'은 옛날 중국의 <맹자>라는 책에 나온, 어떤 사람이 자신의 부족함을 느끼고 부끄러워한 이야기에서 유래된 말이에요. 이 사자성어는 자신이 다른 사람보다 못하다고 생각할 때 느끼는 부끄러운 마음을 표현해요. 그런데 단순히 부끄러워하기보다는 자신의 부족함을 채우기 위해 노력하는 것이 더 중요하답니다.

 따라쓰기 자격지심의 뜻풀이를 따라 써보세요.

자	신	의		부	족	함	으	로		스	스	로		부
끄	러	워	하	는		마	음	.						

찾아보기 자격지심의 뜻과 어울리는 문장을 찾아보세요.

1 발표를 잘하는 친구들을 보면서 내 실력이 부족해 보여 부끄러웠어요. ( )

2 철수는 상대가 아무리 강해도 절대 시합을 포기하지 않기로 했어요. ( )

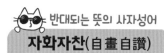 **반대되는 뜻의 사자성어**

자화자찬(自畫自讚) 스스로 그린 그림을 스스로 칭찬한다는 뜻으로 자신의 일을 스스로 자랑하는 것을 비유해요.

185

155 자화자찬

自	畫	自	讚
스스로 자	그림 화	스스로 자	칭찬할 찬

 한자 뜻 · 스스로 그린 그림을 스스로 칭찬하다.

 뜻풀이 · 자기가 한 일에 대해 스스로 칭찬하는 것.

 배경에 담긴 지혜

옛날에는 인물 그림을 그린 뒤 그림 여백에 그 사람을 칭찬하는 글을 적는 전통이 있었어요. 이 글을 '찬(讚)'이라고 불렀지요. 보통은 다른 사람이 그 글을 적었지만 가끔 자기가 그린 자화상에 스스로 칭찬하는 글을 쓰기도 했어요. 이를 '자화자찬'이라고 해요. 자신이 한 일을 다른 사람들에게 자랑하는 모습을 표현할 때 이 사자성어를 사용해요.

음… 명작이군!

 따라쓰기 자화자찬의 뜻풀이를 따라 써보세요.

자	기	가		한		일	에		대	해		스	스	로
칭	찬	하	는		것	.								

낱말 뜻 · 칭찬하다 : 좋은 점이나 잘한 일을 높이 평가하다.

찾아보기 자화자찬의 뜻과 어울리는 문장을 찾아보세요.

1 영민이는 자신이 일을 잘했다며 여기저기 자랑하고 다녔어요. ( )

2 현주는 자신이 한 일은 별로 없고 늘 부족한 점이 많다며 부끄러워했어요. ( )

 반대되는 뜻의 사자성어

자격지심(自激之心) 자신의 부족함으로 스스로 부끄러워하는 마음을 의미해요.

186

156

천생연분

天	生	緣	分
하늘 천	만들 생	인연 연	운명 분

 한자 뜻 하늘이 만들어 준 인연.

뜻풀이 서로 타고난 인연으로 잘 맞는 사람들.

 배경에 담긴 지혜

옛날 중국 사람들은 사람들 사이의 인연이 하늘에서 정해준다고 믿었어요. 특히 결혼으로 두 사람이 만나는 것은 하늘이 정해준 운명이라고 생각했죠. '천생연분'은 운명적인 사랑이나 서로 잘 맞는 사람들을 가리키는 말로 지금까지도 널리 사용되고 있어요.

 따라쓰기 천생연분의 뜻풀이를 따라 써보세요.

서	로		타	고	난		인	연	으	로		잘		맞
는		사	람	들	.									

 찾아보기 천생연분의 뜻과 어울리는 문장을 찾아보세요.

1 언니는 친구와 사이좋게 지내는 게 자신이 착하기 때문이라고 생각해요. (　　　)

2 언니는 남자친구와 매우 사이좋게 지내서 마치 하늘이 정해준 짝 같아요. (　　　)

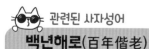 관련된 사자성어

백년해로(百年偕老) 부부가 오래도록 함께 늙어간다는 뜻으로 평생 함께하며 행복하게 지낸다는 의미예요.

157 청천벽력

靑	天	霹	靂
푸를 청	하늘 천	벼락 벽	벼락 력

 한자 뜻 맑은 하늘에 치는 벼락.

 뜻풀이 예상하지 못한 갑작스럽고 충격적인 일.

배경에 담긴 지혜

'청천벽력'은 맑게 갠 하늘에 치는 벼락이라는 뜻으로 뜻밖에 일어난 일을 비유적으로 이르는 말이에요. 전혀 예상하지 못한 일이나 큰 충격을 주는 사건을 표현하는 말로 오랜 시간 동안 널리 사용되어 온 사자성어예요.

따라쓰기 청천벽력의 뜻풀이를 따라 써보세요.

예	상	하	지		못	한		갑	작	스	럽	고		충
격	적	인		일	.									

낱말 뜻 예상하다 : 앞일을 미리 생각하고 짐작하다.

찾아보기 청천벽력의 뜻과 어울리는 문장을 찾아보세요.

1. 영화의 주인공이 갑자기 사고를 당했다는 뉴스를 보고 모두가 깜짝 놀랐어요. (   )

2. 두 배우가 사귄다는 뉴스를 보며 둘이 정말 잘 어울린다고 생각했어요.   (   )

 비슷한 뜻의 속담

새벽 봉창 두들긴다. 갑작스러운 일이 생기거나 엉뚱한 말로 사람을 놀라게 하는 상황을 표현한 말이에요.

158 호가호위

狐	假	虎	威
여우 호	빌릴 가	호랑이 호	힘 위

 한자 뜻 여우가 호랑이의 힘을 빌린다.

 뜻풀이 자신의 능력이 아닌 다른 사람의 힘을 빌려 잘난 척하다.

 배경에 담긴 지혜

옛날 중국의 지혜를 모아 놓은 '전국책'이라는 책에 나오는 이야기 중, 여우가 호랑이의 힘을 빌려 다른 동물들을 겁주는 이야기에서 유래된 표현이에요. 이는 자신의 능력이 아닌 다른 사람의 힘을 이용해 잘난 척하는 사람을 비유하는 말이에요.

따라쓰기 호가호위의 뜻풀이를 따라 써보세요.

자	신	의		능	력	이		아	닌		다	른		사
람	의		힘	을		빌	려		잘	난		척	하	다

띄어쓰기 잘난 척 (O) | 잘난척 (X)

찾아보기 호가호위의 뜻과 어울리는 문장을 찾아보세요.

1 민호는 형이 공부를 잘하는 걸 내세워 잘난 척하고 다녀요.　　　　（　　　）

2 형우는 갑자기 누나가 계단에서 넘어져 입원했다는 연락을 받았어요.　　（　　　）

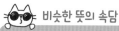 **비슷한 뜻의 속담**

사또 덕분에 나팔 분다.　남의 힘이나 높은 자리를 이용해 잘난 척하거나 특별한 대접을 받는 것을 비유한 말이에요.

159 호연지기

浩	然	之	氣
넓을 호	그러할 연	~의 지	기운 기

 한자 뜻 넓고 크며 올바른 기운.

 뜻풀이 올바르고 당당한 마음.

배경에 담긴 지혜

옛날 중국의 위인 '맹자'의 제자 '공손추'가 "큰마음이란 무엇인가요?"라고 물었을 때, '맹자'는 "올바른 일을 계속하다 보면 마음속에 자연스럽게 크고 강한 기운이 자라난다."라고 설명했어요. 이 기운을 가진 사람은 어려운 상황에서도 흔들리지 않고 바르게 행동할 수 있다는 의미예요. '호연지기'는 이렇게 바르고 강한 마음을 뜻해요.

 따라쓰기 호연지기의 뜻풀이를 따라 써보세요.

올	바	르	고		당	당	한		마	음	.			

 **찾아보기** 호연지기의 뜻과 어울리는 문장을 찾아보세요.

1 철수는 친구들을 끝까지 도우며 바르게 행동해 힘든 문제를 잘 해결했어요. (   )

2 민지는 아빠가 유명한 사람인 걸 이용해 주변 사람들을 함부로 대해요. (   )

반대되는 뜻의 사자성어
의기소침(意氣銷沈)   기운이 없고 풀이 죽었다는 뜻이에요.

160 횡설수설

橫	說	竪	說
가로 횡	말할 설	세로 수	말할 설

 한자 뜻 말이 가로로 갔다가 세로로 간다.

 뜻풀이 말이 왔다 갔다 하고 앞뒤가 맞지 않게 말하다.

배경에 담긴 지혜

'횡설수설'은 한자의 뜻에서 만들어진 사자성어예요. 사람이 말을 할 때 정리가 안 되거나 앞뒤가 맞지 않다는 표현이지요. 말이 이리저리 왔다 갔다 해서 무슨 말인지 잘 이해되지 않을 때 이 말을 써요.

따라쓰기 횡설수설의 뜻풀이를 따라 써보세요.

말	이		왔	다		갔	다		하	고		앞	뒤	가
맞	지		않	게		말	하	다	.					

띄어쓰기 맞지 않게 (O) | 맞지않게 (X)

찾아보기 횡설수설의 뜻과 어울리는 문장을 찾아보세요.

1 소영이는 어떠한 질문을 받든 여유롭게 웃으며 당당하게 대답했어요. ( )

2 정우는 질문을 받자 당황해서 말을 이랬다저랬다 하기 시작했어요. ( )

비슷한 뜻의 사자성어
일구이언(一口二言)

하나의 입으로 두 말을 한다는 뜻으로 말을 이랬다저랬다 하는 걸 비유해요.

사자성어 실전 테스트

1 사자성어의 뜻을 찾아 선으로 이어 보세요.

산전수전 •   • 서로 도와주고 힘을 합친다.

상부상조 •   • 사실대로 바르게 알리다.

이실직고 •   • 산에서의 싸움과 물에서의 싸움.

자화자찬 •   • 맑은 하늘에 치는 벼락.

청천벽력 •   • 스스로 그린 그림을 스스로 칭찬하다.

2 뜻풀이를 보고, 해당하는 사자성어를 글자판에서 찾아 보세요.

뜻풀이

1. 사실이 아닌 소문이 퍼져 큰 문제가 생긴다.
2. 어려움이 있어도 끝까지 포기하지 않는다.
3. 자신의 부족함으로 스스로 부끄러워 하는 마음.
4. 올바르고 당당한 마음.
5. 어떠한 기회로 마음을 새롭게 먹고 다시 시작한다.

직	인	직	유	상	심
횡	임	동	언	귀	가
호	전	자	비	춘	구
연	무	오	어	력	비
지	퇴	자	격	지	심
기	심	기	일	전	연

사자성어는 가로, 세로 형태로 숨어 있어요.

3 아래 사자성어 또는 속담의 의미와 관련이 있는 사자성어를 보기에서 골라 보세요.

보기 | 연목구어 | 이구동성 | 일장춘몽 | 천생연분 | 호가호위 | 횡설수설

1 풀 끝의 이슬.   (   )

2 사또 덕분에 나팔 분다.   (   )

3 교주고슬(膠柱鼓瑟): 접착제(아교)로 기둥을 고정해 거문고를 연주한다.   (   )

4 백년해로(百年偕老) : 부부가 오래도록 함께 늙어간다.   (   )

5 여출일구(如出一口) : 한 입에서 나오는 것과 같다.   (   )

6 일구이언(一口二言) : 하나의 입으로 두 말을 한다.   (   )

4 문제를 보고 어울리는 사자성어를 골라 보세요.

1 행사장에 사람들이 끝없이 모여 발 디딜 틈도 없었어요.

인산인해 (   )
오비이락 (   )

2 내가 그곳에 가자마자 문제가 생겨서 나 때문에 그런 줄 알더라고요.

신출귀몰 (   )
오비이락 (   )

3 민수는 반 친구들이 뭐라고 해도 좋아하는 예린이만을 계속 좋아했어요.

인산인해 (   )
일편단심 (   )

4 철수는 술래잡기에서 갑자기 나타났다 사라져서 친구들이 놀랐어요.

신출귀몰 (   )
일편단심 (   )

어른도 부러워할 야무진
사자성어

161 감개무량

感	慨	無	量
감동할 감	슬퍼할 개	없을 무	헤아릴 량

 한자 뜻 헤아릴 수 없을 만큼 깊은 감정을 느낀다.

 뜻풀이 마음속 깊이 감동해 벅차오르는 감정을 느낀다.

배경에 담긴 지혜

'감개무량'은 마음속에 큰 감동이나 벅찬 마음이 가득 차서 그 감정을 다 표현할 수 없을 때 쓰는 말이에요. 오랜만에 가족을 만나거나 특별한 순간을 맞이했을 때, 그 감동이 너무 커서 말로 표현하기 어려울 때 이 표현을 사용해요.

따라쓰기 · 감개무량의 뜻풀이를 따라 써보세요.

마	음	속		깊	이		감	동	해		벅	차	오	르
는		감	정	을		느	낀	다	.					

낱말 뜻 감동하다 : 크게 느끼거나 뭉클하여 마음이 움직이다.

찾아보기 · 감개무량의 뜻과 어울리는 문장을 찾아보세요.

1 무슨 선물을 받고 싶은지 물으니까, 그녀는 당황해 말을 잘 못했어요. ( )

2 오랜만에 어렸을 때 친구들을 만나니 눈물이 날 것 같았어요. ( )

 비슷한 뜻의 단어
감격(感激) 깊이 감동해서 마음이 크게 움직이는 것을 뜻해요. 주로 기쁘고 벅찬 감정을 표현할 때 사용해요

196

162 감지덕지

感	之	德	之
감사할 감	그것 지	고맙게 여길 덕	그것 지

 한자 뜻 감사함을 느끼고, 그 은혜를 고맙게 여긴다.

 뜻풀이 작은 은혜에도 매우 감사하고 고마워하는 마음.

 배경에 담긴 지혜

'감지덕지'는 어떤 작은 은혜나 도움이라도 감사하게 여기는 태도에서 비롯된 말이에요. 이 말은 우리가 일상에서 받은 작은 도움에도 고마워하는 마음을 가지라는 교훈을 줘요.

 따라쓰기 감지덕지의 뜻풀이를 따라 써보세요.

작	은		은	혜	에	도		매	우		감	사	하	고
고	마	워	하	는		마	음	.						

낱말 뜻 크다 : 길이, 부피가 보통을 넘다. | 작다 : 길이, 부피가 보통보다 덜하다.

찾아보기 감지덕지의 뜻과 어울리는 문장을 찾아보세요.

1 영수는 날씨가 더워도 지치지 않는지 밝게 웃으며 씩씩하게 일했어요. (   )

2 하영이는 더운 날에 물을 마실 수 있는 것만으로도 감사하게 생각했어요. (   )

반대되는 뜻의 속담
은혜를 원수로 갚는다. 누군가가 베푼 도움이나 친절에 감사하지 않고, 오히려 해를 끼치는 행동을 한다는 뜻이에요.

163 노발대발

怒	發	大	發
화낼 노	일어날 발	클 대	터질 발

 한자 뜻 : 화가 나서 크게 터지다.

 뜻풀이 : 매우 화가 나서 크게 소리치거나 분노가 폭발하다.

 배경에 담긴 지혜

사람은 살아가면서 화가 나는 상황을 많이 겪게 돼요. 일이 뜻대로 되지 않아 스스로에게 화를 내기도 하고 의견이 다른 것으로 인해 다른 사람에게 화를 내기도 하지요. '노발대발'은 이렇게 화가 많이 난 사람의 모습을 비유하는 사자성어예요.

따라쓰기 노발대발의 뜻풀이를 따라 써보세요.

매	우		화	가		나	서		크	게		소	리	치
거	나		분	노	가		폭	발	하	다	.			

낱말 뜻 화 : 못마땅하거나 마음에 들지 않아서 생기는 불편한 감정.

찾아보기 노발대발의 뜻과 어울리는 문장을 찾아보세요.

1 아무도 숙제를 해 오지 않아서 선생님께서는 화가 많이 나셨어요. ( )

2 선생님이 발표를 잘 했다고 칭찬하자, 혜미는 감사하다고 인사했어요. ( )

 비슷한 뜻의 속담
입이 광주리만 하다. 입이 바구니와 비슷하다는 뜻으로 매우 화가 났음을 비유해요.

164 대동소이

大	同	小	異
클 대	같을 동	작을 소	다를 이

한자 뜻 큰 것은 같고 작은 것만 다르다.

뜻풀이 큰 차이 없이 거의 비슷하다.

 배경에 담긴 지혜

중국의 위인 '장자'는 <천하편>이라는 책에서 "세상의 여러 생각이나 이론이 다르게 보일 수 있지만 사실은 큰 차이가 없다."라고 했어요. 즉, 세상에 있는 많은 것들이 근본적으로는 비슷하다는 뜻이에요. 그래서 '대동소이'라는 말이 생겼는데 이 말은 작은 차이는 있지만 전체적으로는 거의 같다는 의미로 사용돼요.

 따라쓰기 대동소이의 뜻풀이를 따라 써보세요.

큰		차	이		없	이		거	의		비	슷	하	다	.

낱말 뜻 차이 : 서로 같지 않고 다름.

띄어쓰기 큰 차이 (O) | 큰차이 (X)

 찾아보기 대동소이의 뜻과 어울리는 문장을 찾아보세요.

1 그는 다른 사람이 자신의 글을 베꼈다며 크게 화를 냈어요.   (   )

2 두 사람의 글을 비교해 보니 내용의 차이가 거의 없고 비슷했어요.   (   )

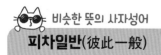 비슷한 뜻의 사자성어
피차일반(彼此一般) 저쪽이나 이쪽이나 모두 같다라는 뜻으로 같거나 거의 비슷한 것을 가리켜요.

165 동분서주

 동쪽으로 달리고 서쪽으로 달리다.

 여기저기 바쁘게 움직인다.

東	奔	西	走
동쪽 동	달릴 분	서쪽 서	달릴 주

 배경에 담긴 지혜

우리는 주변에서 바쁘게 일하는 사람들을 많이 봐요. 특히 이곳 저곳을 급하게 돌아다니는 사람을 보면 우리는 그 사람이 얼마 나 바쁜지 알 수 있지요. '동분서주'는 여러 가지 일을 동시에 하 려고 바쁘게 뛰어다니는 상황을 묘사할 때 사용해요.

따라쓰기 동분서주의 뜻풀이를 따라 써보세요.

여	기	저	기		바	쁘	게		움	직	인	다	.	

낱말 뜻 여기저기 : 여러 곳, 이곳저곳.

찾아보기 동분서주의 뜻과 어울리는 문장을 찾아보세요.

1️⃣ 정우는 택배를 배달하면서 고생하시는 아저씨에게 물 한 컵을 드렸어요. (   )

2️⃣ 엄마는 집안일과 회사 일 때문에 여기저기 바쁘게 움직였어요. (   )

반대되는 뜻의 사자성어
두문불출(杜門不出) 문을 닫고 나가지 않는다는 뜻으로 집에만 있고 밖으로 나가지 않는 것 을 가리켜요.

166 만사형통

萬	事	亨	通
많을 (일만) 만	일 사	형통할 형	통할 통

 한자 뜻 모든 일이 잘 풀리고 막힘이 없다.

 뜻풀이 모든 일이 뜻대로 잘 이루어져 간다.

 배경에 담긴 지혜

사람들은 모든 일이 자신이 원하는 대로 잘 흘러가기를 바라지요. '만사형통'은 이러한 사람들의 바람이 담긴 사자성어예요. 주로 일의 성공과 행운을 기원하고 앞일이 잘 풀리기를 바라는 상황에서 이 사자성어를 많이 써요.

 따라쓰기 만사형통의 뜻풀이를 따라 써보세요.

모	든		일	이		뜻	대	로		잘		이	루	어
져		간	다	.										

낱말 뜻 -아/어 가다 : 앞말의 행동이나 상태가 계속 진행되다.
예) 만들어 가다. 읽어 가다.

찾아보기 만사형통의 뜻과 어울리는 문장을 찾아보세요.

1 우리 가족은 매일매일 이곳저곳 여행다니며 바쁘게 지내고 있어요. ( )

2 가족들 모두 원하는 대로 일이 잘 되니 집안에 웃음이 끊이지 않아요. ( )

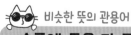 비슷한 뜻의 관용어
순풍에 돛을 단 듯. 바람을 받아 배가 잘 나아가는 것처럼 일이 아주 쉽게 잘 되는 상황을 표현하는 말이에요.

167 발본색원

拔	本	塞	源
뽑을 발	뿌리 본	막힐 색	근원 원

한자 뜻 뿌리를 뽑고 원인을 막는다.

뜻풀이 문제의 뿌리를 없애서 다시는 생기지 않게 한다.

 배경에 담긴 지혜

중국 주나라의 왕 '소공'은 큰할아버지 '주공'을 깊이 존경했어요. '소공'은 "큰할아버지가 문제의 뿌리를 뽑고 근원을 철저히 막았기 때문에, 다시는 그런 문제가 생기지 않을 거예요."라고 말했어요. 이 이야기에서 '발본색원'이라는 말이 나왔어요. '발본색원'은 문제를 완전히 해결하려면 뿌리와 원인을 철저히 제거해야 한다는 뜻이에요.

 따라쓰기 발본색원의 뜻풀이를 따라 써보세요.

문	제	의		뿌	리	를		없	애	서		다	시	는
생	기	지		않	게		한	다	.					

찾아보기 발본색원의 뜻과 어울리는 문장을 찾아보세요.

① 시합을 할 때마다 계속 이기니까, 우리 팀의 사기는 항상 좋았어요. ( )

② 선생님은 문제의 원인을 완전히 없애서 다시는 생기지 않도록 했어요. ( )

 반대되는 뜻의 속담
눈 가리고 아웅.

겉으로만 문제를 해결하는 척하면서 실제로는 아무런 해결이 되지 않는 행동을 비유적으로 표현한 속담이에요.

168 불철주야

不	撤	晝	夜
아닐 불	멈출 철	낮 주	밤 야

 한자 뜻 낮과 밤에도 멈추지 않는다.

 뜻풀이 밤낮을 가리지 않고 계속해서 일을 한다.

 배경에 담긴 지혜

중국의 교훈집 <논어>에 따르면 '공자'는 "시간이 마치 물처럼 쉬지 않고 흐른다."라고 말했어요. 그는 이 말을 '불사주야'라고 표현했는데 나중에 이 말이 '불철주야'로 바뀌었어요. '불철주야'는 목표를 이루기 위해 쉬지 않고 밤낮 없이 열심히 노력하는 모습을 나타내는 말이에요.

따라쓰기 불철주야의 뜻풀이를 따라 써보세요.

밤	낮	을		가	리	지		않	고		계	속	해	서
일	을		한	다	.									

찾아보기 불철주야의 뜻과 어울리는 문장을 찾아보세요.

1 현수는 성적을 올리기 위해 밤낮을 가리지 않고 열심히 공부했어요. ( )

2 재현이는 시험 점수가 왜 떨어졌는지부터 천천히 확인해 보기로 했어요. ( )

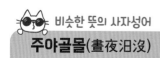 비슷한 뜻의 사자성어

주야골몰(晝夜汨沒) 밤낮을 가리지 않고 집중한다는 뜻이에요.

203

169 비일비재

非	一	非	再
아닐 비	하나 일	아닐 비	두번 재

 한자 뜻 한두 번이 아니다.

 뜻풀이 같은 일이 여러 번 반복해서 일어나다.

 ## 배경에 담긴 지혜

우리는 주변에서 같은 일이 반복해서 생기는 경우를 많이 봐요. 같은 실수를 여러 번 한다든가 어떤 현상이 지속적으로 발생하기도 하지요. '비일비재'는 이처럼 똑같은 일이 반복적으로 일어나는 경우를 의미하는 사자성어예요.

 따라쓰기 비일비재의 뜻풀이를 따라 써보세요.

같	은		일	이		여	러		번		반	복	해	서
일	어	나	다	.										

낱말 뜻 반복 : 같은 일이 자꾸 일어남.

찾아보기 비일비재의 뜻과 어울리는 문장을 찾아보세요.

1 범죄 사건을 막기 위해 경찰 아저씨들은 밤낮으로 열심히 일해요. (   )

2 유진이가 약속을 어기는 일이 한두 번이 아니었어요. (   )

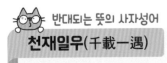 반대되는 뜻의 사자성어
천재일우(千載一遇)   천 년에 한 번 만난다는 뜻으로 매우 드물고 귀한 기회를 의미해요.

204

170 산해진미

山	海	珍	味
메 산	바다 해	귀할 진	맛 미

 한자 뜻 산과 바다에서 나는 귀하고 맛있는 음식.

 뜻풀이 아주 특별하고 훌륭한 음식.

 배경에 담긴 지혜

'산해진미'는 산과 바다에서 나는 귀한 재료들로 만든 맛있는 음식을 가리키는 말이에요. 이 사자성어는 음식이 매우 훌륭하고 귀하다는 것을 강조할 때 쓰지요. 또한 좋은 것들을 아낌없이 내놓는 마음을 나타내기도 해요.

따라쓰기 산해진미의 뜻풀이를 따라 써보세요.

아	주		특	별	하	고		훌	륭	한		음	식	.

찾아보기 산해진미의 뜻과 어울리는 문장을 찾아보세요.

1 엄마는 항상 손님이 집에 올 때마다 다양하고 맛있는 음식들을 만들어요. (   )

2 아빠가 요리하다 실수하는 건 한두 번 있는 일이 아니라서 이제 익숙해요. (   )

 비슷한 뜻의 속담

둘이 먹다가 하나 죽어도 모르겠다. 음식이 매우 맛있어서 정신을 잃을 정도로 훌륭하다는 의미예요.

171 상전벽해

 한자 뜻 : 뽕나무 밭이 푸른 바다로 변한다.

 뜻풀이 : 세상이나 환경이 크게 변해 이전과 완전히 달라진 상황.

桑	田	碧	海
뽕나무 상	밭 전	푸를 벽	바다 해

 ## 배경에 담긴 지혜

'상전벽해'는 옛날 중국의 <신선전>이라는 책에 한 노인이 뽕나무밭이 바다로 바뀌는 걸 세 번이나 봤다는 이야기에서 유래했어요. 이 말은 시간이 지나면 세상이나 상황이 완전히 바뀔 수 있다는 것을 알려줘요. 그래서 세상의 변화에 잘 적응하는 것이 중요하다는 교훈을 줘요.

따라쓰기 : 상전벽해의 뜻풀이를 따라 써보세요.

세	상	이	나		환	경	이		크	게		변	해	
이	전	과		완	전	히		달	라	진		상	황	.

찾아보기 : 상전벽해의 뜻과 어울리는 문장을 찾아보세요.

1 최근 빠른 속도로 달리다가 다른 차와 부딪치는 사고가 늘어나고 있어요.　(　　)

2 요즘 건물과 자동차가 늘어나고 도로도 넓어져 주변이 많이 변했어요.　(　　)

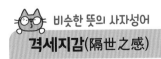 비슷한 뜻의 사자성어
격세지감(隔世之感)　세월이 흘러서 다른 세상이 된 것 같다는 뜻이에요.

172 속전속결

速	戰	速	決
빠를 속	싸움 전	빠를 속	끝낼 결

 한자 뜻 　빠르게 싸우고 빠르게 끝낸다.

 뜻풀이 　어떤 일을 빠르게 끝내는 것.

 배경에 담긴 지혜

'속전속결'의 유래는 중국의 전쟁 방법을 가르쳐주는 책인 <손자병법>에서 찾을 수 있어요. 이 책에서는 "전쟁은 길게 끌지 말고 신속하게 시작하고 빠르게 끝내야 한다."라고 강조하고 있어요. 이 사자성어는 중요한 일이나 긴급한 상황에서는 신속하게 결정을 내리고 빠르게 처리해야 한다는 교훈을 줘요.

따라쓰기 　속전속결의 뜻풀이를 따라 써보세요.

어	떤		일	을		빠	르	게		끝	내	는		것	.

찾아보기 　속전속결의 뜻과 어울리는 문장을 찾아보세요.

1 만수는 숙제를 빨리 끝낸 다음에 밖에 나가서 친구들과 놀았어요. 　　(　)

2 옛날에는 손으로 써서 숙제를 했지만 요즘은 컴퓨터로 하는 학생이 많아요. (　)

반대되는 뜻의 사자성어
우유부단(優柔不斷) 　결정이나 선택을 쉽게 하지 못하고 망설이는 태도를 의미해요.

173 솔선수범

率	先	垂	範
이끌 솔	먼저 선	드리울 수	법 범

 한자 뜻 앞장서서 본보기를 보인다.

 뜻풀이 앞서 모범을 보여 다른 사람을 이끈다.

 배경에 담긴 지혜

옛날 사람들은 다른 사람들 앞에서 먼저 행동하며 모범을 보이는 태도를 중요하게 생각했어요. 오늘날에도 먼저 나서서 좋은 본보기를 보이는 사람은 리더십이 있다고 해요. '솔선수범'은 다른 사람들 앞에서 먼저 나서서 좋은 행동을 보여주는 것을 뜻해요. 우리가 삶에서 꼭 가져야 할 중요한 태도예요.

따라쓰기 솔선수범의 뜻풀이를 따라 써보세요.

앞	서		모	범	을		보	여		다	른		사	람
을		이	끈	다	.									

낱말 뜻 모범 : 본받아서 배울 만한 대상.

찾아보기 솔선수범의 뜻과 어울리는 문장을 찾아보세요.

1 고양이들의 싸움은 순식간에 일어났다가 순식간에 끝나 버렸어요. ( )

2 영지는 사람들이 산에 버리고 간 쓰레기를 앞장서서 줍기 시작했어요. ( )

 비슷한 뜻의 속담

윗물이 맑아야 아랫물이 맑다. 윗사람이 잘하면 아랫사람도 잘한다는 뜻으로 모범을 보이는 게 중요함을 가리켜요.

174 수주대토

 한자 뜻 나무 아래만 보며 토끼를 기다리다.

 뜻풀이 옛 방식에만 기대어 성공을 바란다.

守	株	待	兎
지킬 수	그루 주	기다릴 대	토끼 토

 ## 배경에 담긴 지혜

'수주대토'는 중국의 <한비자>라는 책에 나오는 이야기에서 유래했어요. 한 농부가 밭에서 일하다가 토끼가 나무 그루터기에 부딪혀 죽는 걸 보고 다시 그런 일이 일어나기를 바랐지만, 결국 아무 일도 일어나지 않았어요. 이 이야기는 우연한 성공에만 기대지 말고 스스로 노력하며 변화에 맞춰 행동해야 한다는 교훈을 줍니다.

따라쓰기 수주대토의 뜻풀이를 따라 써보세요.

옛		방	식	에	만		기	대	어		성	공	을	
바	란	다	.											

찾아보기 수주대토의 뜻과 어울리는 문장을 찾아보세요.

1️⃣ 명진이는 땅에서 돈을 주운 이후로 항상 땅만 보며 다녀요. ( )

2️⃣ 현정이는 땅에 떨어진 쓰레기를 보면 앞장서서 주워 쓰레기통에 버려요. ( )

 비슷한 뜻의 사자성어

각주구검(刻舟求劍) 배에 표시를 해서 칼을 찾으려고 한다는 뜻으로 낡은 방식을 고집함을 비유해요.

아비규환

阿	鼻	叫	喚
언덕 아	코 비	부르짖을 규	부를 환

 한자 뜻 아비지옥과 규환지옥.

 뜻풀이 큰 고통과 혼란 속에서 사람들이 소리치는 모습.

 배경에 담긴 지혜

'아비규환'은 불교에서 나온 말이에요. 아비지옥과 규환지옥이라는 두 무서운 지옥에서 사람들이 큰 고통을 받아 계속 소리치고 괴로워하는 모습에서 이 말이 생겼어요. 그래서 이 사자성어는 매우 혼란스럽고 힘든 상황을 표현할 때 쓰여요.

따라쓰기 아비규환의 뜻풀이를 따라 써보세요.

큰		고	통	과		혼	란		속	에	서		사	람
들	이		소	리	치	는		모	습	.				

찾아보기 아비규환의 뜻과 어울리는 문장을 찾아보세요.

1 교통사고 현장은 사람들의 울부짖음으로 가득 차서 너무나도 끔찍했어요. ( )

2 지금까지 사고가 난 적이 없어서 사고가 안 날 거라 생각했어요. ( )

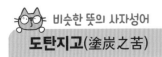 비슷한 뜻의 사자성어

도탄지고(塗炭之苦) 진흙에 빠지고 숯불에 타는 것처럼 아주 힘들고 고통스러운 상태를 비유적으로 표현한 말이에요.

176

약육강식

弱	肉	强	食
약할 약	고기 육	강할 강	밥 식

 한자 뜻 약한 자의 고기는 강한 자가 먹는다.

 뜻풀이 약한 사람은 강한 사람에게 지배당하거나 이용당한다.

 배경에 담긴 지혜

'약육강식'은 '한유'의 글에서 유래한 말이에요. '한유'가 승려 '문창'에게 보낸 글에 "약한 것은 먹히고 강한 것은 먹습니다."라는 구절이 있어요. 자연에서 강한 동물이 약한 동물을 잡아먹는 것처럼 세상에서도 강한 사람이 약한 사람을 지배하거나 이용할 수 있다는 뜻이에요.

따라쓰기 약육강식의 뜻풀이를 따라 써보세요.

약	한		사	람	은		강	한		사	람	에	게	
지	배	당	하	거	나		이	용	당	한	다	.		

낱말 뜻 약하다 : 힘이 작고 튼튼하지 못하다. | 강하다 : 힘이 세고 수준이 높다.

찾아보기 약육강식의 뜻과 어울리는 문장을 찾아보세요.

1 텔레비전에서 사자가 다른 동물들을 잡아먹는 장면이 나왔어요. (　　)

2 동료 펭귄 몇 마리가 없어지자 다른 펭귄들이 크게 당황한 듯했어요. (　　)

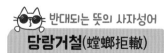 반대되는 뜻의 사자성어
당랑거철(螳螂拒轍) 자신의 능력을 잘 모르면서 강한 상대에게 덤비는 걸 가리켜요.

177 언중유골

言	中	有	骨
말씀 언	가운데 중	있을 유	뼈 골

 한자 뜻 말속에 뼈가 있다.

 뜻풀이 말 속에 숨겨진 뜻이나 비판이 있다.

배경에 담긴 지혜

'언중유골'은 겉으로는 평범해 보이는 말이지만 그 안에 깊은 뜻이나 비판이 숨어 있다는 뜻이에요. 옛날부터 정치나 외교에서 많이 쓰였고 상대방에게 경고나 비판을 전달할 때 사용되었어요. 이 말은 우리가 대화를 할 때 단순한 말 속에도 중요한 의미가 숨겨져 있을 수 있으니 잘 듣고 이해하는 것이 중요하다는 걸 알려줘요.

따라쓰기 언중유골의 뜻풀이를 따라 써보세요.

| 말 | | 속 | 에 | | 숨 | 겨 | 진 | | 뜻 | 이 | 나 | | 비 | 판 |
| 이 | | 있 | 다 | . | | | | | | | | | | |

낱말 뜻 말 속 : 말의 안(쪽). | 말속 : 말에 담긴 뜻.

찾아보기 언중유골의 뜻과 어울리는 문장을 찾아보세요.

1 형은 강한 자가 약한 자를 괴롭히는 게 당연하다는 듯이 말했어요. (   )

2 지수는 웃으면서 말했지만 말 속에 중요한 뜻이 있는 것 같았어요. (   )

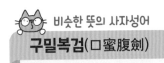 비슷한 뜻의 사자성어

구밀복검(口蜜腹劍) 입에는 꿀, 배 속엔 칼이란 뜻으로 겉으론 친절하게 말하지만 속으론 해칠 마음을 품는다는 말이에요.

엄동설한

 한자 뜻 한겨울의 눈과 추위.

뜻풀이 눈이 내리고 매우 추운 겨울.

嚴	冬	雪	寒
엄할 엄	겨울 동	눈 설	찰 한

 배경에 담긴 지혜

'엄동설한'은 겨울의 매우 추운 날씨와 눈이 많이 내리는 상황을 말해요. 이 말은 겨울의 심한 추위를 표현하거나, 우리가 겪는 힘든 상황을 비유할 때도 사용돼요. 춥고 어려운 때를 표현할 때 자주 쓰는 말이에요.

따라쓰기 엄동설한의 뜻풀이를 따라 써보세요.

눈	이		내	리	고		매	우		추	운		겨	울	.

낱말 뜻 춥다 : 공기의 온도가 낮다. | 차갑다 : 물건을 만졌을 때 찬 느낌이 있다.

찾아보기 엄동설한의 뜻과 어울리는 문장을 찾아보세요.

1 봄이지만 춥다는 엄마의 말에는 옷을 따뜻하게 입으라는 뜻이 있었어요. (   )

2 오늘은 아침부터 폭설이 내리고 바람까지 심하게 불어서 너무 추웠어요. (   )

비슷한 뜻의 사자성어

풍찬노숙(風餐露宿) 바람과 이슬을 맞으며 먹고 잔다는 의미로 매우 고생스럽고 험한 생활을 묘사하는 사자성어예요.

179 오합지졸

烏	合	之	卒
까마귀 오	모일 합	~의 지	군사 졸

 한자 뜻 까마귀가 모인 것 같은 군사.

 뜻풀이 질서 없이 모인 사람들.

 ## 배경에 담긴 지혜

'오합지중(烏合之衆)'은 원래 까마귀가 모인 것 같이 통제가 되지 않는 군중을 가리키는 말이에요. <후한서>에 "왕랑의 군사 같은 오합지중을 짓밟으면 썩은 나무를 쓰러뜨리는 것과 같아 왕랑을 포로로 잡게 될 것이다."라는 구절이 나와요. 이처럼 '오합지중' 또는 '오합지졸'은 마치 까마귀 떼와 같이 훈련도 제대로 되지 않아 엉망진창인 군중이나 단체를 뜻해요.

따라쓰기 오합지졸의 뜻풀이를 따라 써보세요.

질	서		없	이		모	인		사	람	들	.		

낱말 뜻 질서 : 일이 잘 되도록 정해진 순서나 규칙.

찾아보기 오합지졸의 뜻과 어울리는 문장을 찾아보세요.

1 날씨가 너무 추워져서 결국 연습을 취소할 수밖에 없었어요.   (   )

2 그 팀은 연습을 제대로 안 했는지 춤 순서도 틀리고 동작도 맞지 않았어요.   (   )

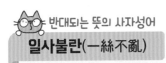 **반대되는 뜻의 사자성어**

일사불란(一絲不亂) 하나의 실도 엉키지 않았다는 뜻으로 사람들이 질서 있게 모여 있는 것을 가리켜요.

180 요지부동

搖	之	不	動
흔들 요	그것 지	아닐 불	움직일 동

 한자 뜻 흔들어도 움직이지 않는다.

 뜻풀이 아무리 흔들어도 꿈쩍하지 않다.
어떠한 상황에도 마음이 변하지 않다.

 배경에 담긴 지혜

옛날 사람들은 옳은 일을 실천할 때 어떤 어려움이 와도 절대 포기하지 않는 것이 중요하다고 생각했어요. '요지부동'은 이렇게 굳은 결심으로 아무리 힘든 상황에서도 마음을 바꾸지 않는 강한 의지를 잘 보여준답니다.

따라쓰기 요지부동의 뜻풀이를 따라 써보세요.

아	무	리		흔	들	어	도		꿈	쩍	하	지		않
다	.													

낱말 뜻 꿈쩍하다 : 몸을 매우 느리게 움직이다.

찾아보기 요지부동의 뜻과 어울리는 문장을 찾아보세요.

1️⃣ 병사들은 기운이 떨어졌는지 그 자리에 그대로 주저앉고 말았어요.　　(　　)

2️⃣ 병사들은 굳은 표정으로 꿈쩍도 하지 않고 그 자리를 지키고 있었어요.　　(　　)

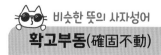 비슷한 뜻의 사자성어

확고부동(確固不動) 굳고 움직임이 없다는 뜻으로 결심이 굳세고 절대 흔들리지 않는 상태를 의미해요.

사자성어 실전 테스트

1 사자성어의 뜻을 찾아 선으로 이어 보세요.

감개무량 ●	● 한두 번이 아니다.
발본색원 ●	● 말 속에 뼈가 있다.
비일비재 ●	● 흔들어도 움직이지 않는다.
언중유골 ●	● 뿌리를 뽑고 원인을 막는다.
요지부동 ●	● 헤아릴 수 없을 만큼 깊은 감정을 느낀다.

2 뜻풀이를 보고, 해당하는 사자성어를 글자판에서 찾아 보세요.

뜻풀이

1. 작은 은혜에도 매우 감사하고 고마워하는 마음.
2. 밤낮을 가리지 않고 계속해서 일을 한다.
3. 큰 고통과 혼란 속에서 사람들이 소리치는 모습.
4. 어떤 일을 빠르게 끝내는 것.
5. 옛 방식에만 기대어 성공을 바란다.

불	동	비	무	육	통
철	수	주	대	토	아
주	발	범	이	속	비
야	비	야	토	전	규
골	산	벽	한	속	환
감	지	덕	지	결	소

사자성어는 가로, 세로 형태로 숨어 있어요.

3 아래 사자성어 또는 속담의 의미와 관련이 있는 사자성어를 보기에서 골라 보세요.

> 보기
>
> 노발대발　　대동소이　　만사형통　　산해진미　　솔선수범　　엄동설한

1 입이 광주리만 하다.　　　　　　　　　　　　(　　　　)

2 윗물이 맑아야 아랫물이 맑다.　　　　　　　(　　　　)

3 둘이 먹다가 하나 죽어도 모르겠다.　　　　(　　　　)

4 풍찬노숙(風餐露宿) : 바람과 이슬을 맞으며 먹고 잔다.　(　　　　)

5 피차일반(彼此一般) : 이것과 저것 모두 한 가지.　(　　　　)

6 순풍에 돛을 단 듯.　　　　　　　　　　　　(　　　　)

4 문제를 보고 어울리는 사자성어를 골라 보세요.

1 오랜만에 학교에 오니, 운동장과 교실이 모두 새로 바뀌어 있었어요.
동분서주 (　　)
상전벽해 (　　)

2 선생님은 운동회를 준비하느라 학교 곳곳을 바쁘게 뛰어다니셨어요.
동분서주 (　　)
오합지졸 (　　)

3 우리 팀 선수들은 각자 제멋대로 움직여서 협력도 안 되고 질서가 없었어요.
약육강식 (　　)
오합지졸 (　　)

4 힘센 동물이 약한 동물을 잡아먹듯, 세상에서도 강한 사람이 약한 사람을 괴롭히곤 해요.
상전벽해 (　　)
약육강식 (　　)

181 우여곡절

迂	餘	曲	折
굽을 우	남을 여	굽을 곡	꺾을 절

 한자 뜻 구불구불하고 꺾인 길.

 뜻풀이 일이 복잡하고 어려운 과정을 겪는다.

 배경에 담긴 지혜

'우여곡절'은 여러 가지 이유로 복잡한 상황을 말해요. 우리가 일 상에서 겪는 어려움을 표현할 때 쓰는 쓰이는 말이에요. 우리에 게 항상 좋은 일만 일어나지는 않아요. 때로는 힘든 일을 겪을 때 도 있지요. 이러한 위기와 어려움을 이겨내면서 우리는 더욱 성 장할 수 있을 거예요.

따라쓰기 우여곡절의 뜻풀이를 따라 써보세요.

일	이		복	잡	하	고		어	려	운		과	정	을
겪	는	다	.											

낱말 뜻 복잡하다 : 일이 여러 가지로 얽혀 있다. | 간단하다 : 단순하고 간략하다.

찾아보기 우여곡절의 뜻과 어울리는 문장을 찾아보세요.

① 힘든 일도 매우 많았지만 열심히 노력해서 1등을 할 수 있었어요. (   )

② 그는 1등을 하기 위해 자리에서 일어나지 않고 계속 공부만 했어요. (   )

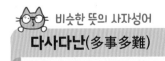 비슷한 뜻의 사자성어

다사다난(多事多難) 일이 많고 어려움도 많다는 뜻이에요.

182 우후죽순

雨	後	竹	筍
비 우	뒤 후	대나무 죽	죽순 순

 한자 뜻 비가 온 뒤에 대나무의 싹이 자란다.

 뜻풀이 한꺼번에 많이 생기거나 빠르게 늘어나는 상황.

 ## 배경에 담긴 지혜

죽순은 대나무의 싹을 말해요. 비가 오고 나면 대나무숲 여기저 기에서 대나무싹이 땅을 뚫고 올라오는데, 그 속도가 매우 빠르 다고 해요. '우후죽순'은 죽순의 이런 특징을 잘 나타내는 표현이 에요. 어떤 일이 갑자기 많이 일어나거나 빠르고 급하게 변화하 는 상황을 뜻하는 말이에요.

따라쓰기 우후죽순의 뜻풀이를 따라 써보세요.

한	꺼	번	에		많	이		생	기	거	나		빠	르
게		늘	어	나	는		상	황	.					

낱말 뜻 생기다 : 없던 것이 새로 있게 되다.

찾아보기 우후죽순의 뜻과 어울리는 문장을 찾아보세요.

1 새로운 가게들이 갑자기 많이 생겨났어요. ( )

2 그 배우는 힘든 시기도 있었지만 꾸준히 노력해서 인기 배우가 되었어요. ( )

 비슷한 뜻의 단어
난립(亂立)
여러 가지가 질서 없이 한꺼번에 생기거나 나타나는 것.

위풍당당 183

威	風	堂	堂
위엄 위	모습 풍	당당할 당	당당할 당

 한자 뜻 힘차고 당당한 모습.

 뜻풀이 당당하고 자신감 넘치는 모습.

 배경에 담긴 지혜

주변을 보면 자신감 넘치고 당당한 사람이 있죠. 마치 멋진 왕이나 용감한 군대가 당당하게 나아가는 모습처럼요. '위풍당당'은 이런 사람처럼 힘차고 거리낌 없이 떳떳한 모습을 표현하는 말이에요.

 따라쓰기 위풍당당의 뜻풀이를 따라 써보세요.

당	당	하	고		자	신	감		넘	치	는		모	습	.

낱말 뜻 당당하다 : 남들 앞에 나설 만큼 태도가 굳세고 떳떳하다.

찾아보기 위풍당당의 뜻과 어울리는 문장을 찾아보세요.

1 올림픽에서 금메달을 딴 선수들이 힘차고 당당하게 걸어왔어요. ( )

2 올림픽 때 야구 경기에서 금메달을 딴 이후로 야구가 크게 유행했어요. ( )

 비슷한 뜻의 사자성어
용기백배(勇氣百倍)

용기가 백 배로 솟아오른다는 뜻으로 아주 용맹스럽고 당당한 모습을 나타내는 표현이에요.

220

184 의기양양

 한자 뜻 뜻과 기운이 높이 올라간다.

 뜻풀이 의지와 기운이 높이 올라 자랑스러워하다.

意	氣	揚	揚
뜻 의	기운 기	올릴 양	날릴 양

 ## 배경에 담긴 지혜

중국 제나라의 '안영'은 능력이 뛰어나고 겸손하여 백성들이 그를 존경했어요. 하루는 그가 탄 수레를 모는 마부의 아내가 남편이 일하는 모습을 엿보았어요. 마부는 뽐내면서 의기양양하게 수레를 몰고 있었지요. 아내는 그런 남편을 보고 부끄러워 이혼을 하자고 했어요. 마부는 아내의 말을 듣고 겸손하게 행동하기 시작했고, '안영'은 마부의 변한 모습을 보고 벼슬을 내렸다고 해요. 이 이야기에서 '의기양양'이 유래되었어요.

따라쓰기 의기양양의 뜻풀이를 따라 써보세요.

의	지	와		기	운	이		높	이		올	라		자
랑	스	러	워	하	다	.								

띄어쓰기 높이 올라 (O) | 높이올라 (X)

찾아보기 의기양양의 뜻과 어울리는 문장을 찾아보세요.

1️⃣ 강당에서 상을 받고 교실로 들어오는 영수는 자신감이 넘쳐 보였어요.　(　　)

2️⃣ 현우가 쓰레기를 주워서 칭찬을 받자 친구들도 쓰레기를 줍기 시작했어요.　(　　)

 반대되는 뜻의 속담

우쭐하면 코가 빠진다.　지나치게 자랑하거나 기세를 부리면 나쁜 결과를 맞이할 수 있다는 의미예요.

221

이열치열

以	熱	治	熱
~로써 이	더울 열	다스릴 치	더울 열

 한자 뜻 열로써 열을 다스린다.

 뜻풀이 뜨거운 것을 뜨거운 것으로 이겨낸다.

 ## 배경에 담긴 지혜

'이열치열'은 뜨거운 것을 뜨거운 것으로 이겨낸다는 옛사람들의 지혜에서 나온 말이에요. 여름철에 더위를 피하려고 찬 음식을 먹기보다는 뜨거운 음식을 먹어 더위를 이겨내려는 방법을 말해요. 문제를 정면으로 맞서거나 비슷한 방법으로 해결할 때 효과적일 수 있다는 뜻도 담고 있어요.

따라쓰기 이열치열의 뜻풀이를 따라 써보세요.

뜨	거	운		것	을		뜨	거	운		것	으	로
이	겨	낸	다	.									

낱말 뜻 이겨내다 : 어려운 상황이나 힘든 일을 잘 참고 견뎌서 끝까지 해내다.

찾아보기 이열치열의 뜻과 어울리는 문장을 찾아보세요.

1 더울 때는 뜨거운 게 최고라며 삼촌은 따뜻한 국물을 마셨어요. ( )

2 친구들에게 라면을 끓여줬는데 친구들이 맛있다고 하자 기분이 좋아졌어요. ( )

 비슷한 뜻의 사자성어

이독제독(以毒制毒) 독으로 독을 다스린다는 뜻으로 비슷한 성질의 것으로 문제를 해결하는 방법을 뜻해요.

186 일사천리

한자뜻 한 번에 천 리를 쏟아져 흐른다.

뜻풀이 어떤 일이 막힘없이 빠르게 진행되다.

一	瀉	千	里
하나 일	쏟을 사	일천 천	거리단위 리

 배경에 담긴 지혜

'일사천리'는 장강(長江)이 거침없이 천리를 흐르는 모습을 표현한 데서 나온 말로 장강(長江)의 흐름처럼 어떤 일을 매우 신속하고 거침없이 처리하는 것을 의미해요. 강물이 한 번에 천 리를 쏟아져 내려가는 것처럼 일이 순조롭게 진행되거나 어려운 일이 막힘없이 해결될 때 이 표현을 사용해요.

따라쓰기 일사천리의 뜻풀이를 따라 써보세요.

어	떤		일	이		막	힘	없	이		빠	르	게	
진	행	되	다	.										

낱말 뜻 막힘없다 : 아무 문제나 어려움 없이 잘되는 것.

찾아보기 일사천리의 뜻과 어울리는 문장을 찾아보세요.

1 날씨가 더운데도 사람들은 뜨거운 음식을 먹기로 결정했어요. ( )

2 숙제를 순식간에 빨리 끝내서 여유롭게 쉴 수 있었어요. ( )

 반대되는 뜻의 사자성어

지지부진(遲遲不進) 일을 하는 시간이 오래 걸려서 앞으로 나아가지 못하는 것을 의미해요.

187 점입가경

漸	入	佳	境
점점 점	들어갈 입	아름다울 가	경치 경

 한자 뜻 점점 아름다운 경치에 들어간다.

 뜻풀이 1. 상황이 점점 더 좋아지고 흥미로워진다.
2. 상황이 점점 더 나빠진다.

 ### 배경에 담긴 지혜

'점입가경'의 원래 의미는 상황이 갈수록 더 좋아지고 흥미로워진다는 뜻이에요. 예를 들어 영화나 드라마가 진행될수록 내용이 더 재미있어지는 경우가 있어요. 하지만 요즘에는 상황이 점점 더 나빠진다는 부정적인 의미로도 사용돼요. 처음엔 괜찮았지만 시간이 지날수록 문제가 더 커지는 경우를 나타낼 때 쓰기도 해요.

 따라쓰기 점입가경의 뜻풀이를 따라 써보세요.

상	황	이		점	점		더		좋	아	지	고		흥
미	로	워	진	다	.									

낱말 뜻 흥미롭다 : 재미있고 관심이 가다.

찾아보기 점입가경의 뜻과 어울리는 문장을 찾아보세요.

1 두 사람의 토론 내용이 너무 재미있어서 점점 집중하게 되었어요. (   )

2 그 의견에 대해 반대하는 사람이 없어서 결정이 빠르게 진행되었어요. (   )

 반대되는 뜻의 관용어
엎친 데 덮친 격. 이미 상황이 나쁜데 더 나쁜 일이 생겨서 상황이 더 나빠졌다는 뜻의 말이에요.

188 정정당당

正	正	堂	堂
바를 정	바를 정	당당할 당	당당할 당

 한자 뜻 바르고 당당하다.

 뜻풀이 올바르고 떳떳하게 행동한다.

 배경에 담긴 지혜

'정정당당'은 바르고 떳떳하게 행동하는 것을 뜻해요. 경기나 경쟁에서 규칙을 지키고 정직하게 싸울 때 사용해요. 예를 들어 친구와 게임할 때 부정한 방법을 쓰지 않고 정직하게 겨루는 것을 '정정당당하다'고 해요. 바르게 행동하면 친구들의 신뢰와 진정한 승리를 얻을 수 있어요.

따라쓰기 정정당당의 뜻풀이를 따라 써보세요.

올	바	르	고		떳	떳	하	게		행	동	한	다	.

낱말 뜻 떳떳하다 : 부끄럽지 않고 당당하다.

찾아보기 정정당당의 뜻과 어울리는 문장을 찾아보세요.

1 선수들은 경기 전, 반칙을 쓰지 않고 당당히 시합할 것을 약속했어요. ( )

2 두 팀의 실력이 너무 비슷해서 경기가 진행될수록 재미있어졌어요. ( )

 반대되는 뜻의 사자성어

권모술수(權謀術數) 이익을 얻기 위해 잔꾀를 부리는 방법을 쓴다는 뜻으로 목적을 이루기 위해 수단과 방법을 가리지 않는 것을 의미해요.

189 좌정관천

坐	井	觀	天
앉을 좌	우물 정	볼 관	하늘 천

한자 뜻 우물에 앉아 하늘을 본다.

뜻풀이 자신의 좁은 경험으로만 세상을 판단한다.

 ## 배경에 담긴 지혜

중국 당나라의 작가 '한유'는 "우물 속에서 하늘을 보며 하늘이 작다고 느끼는 것은 사실 하늘이 작아서가 아니라 우물이 작기 때문이다."라고 했어요. 여기서 '좌정관천'이라는 사자성어가 유래되었어요. 이 말은 세상에 대한 경험이나 지식이 부족한 사람을 비유하며 우리가 알고 있는 것만으로 세상을 판단하는 것은 위험하다는 교훈을 담고 있어요.

따라쓰기 좌정관천의 뜻풀이를 따라 써보세요.

자	신	의		좁	은		경	험	으	로	만		세	상
을		판	단	한	다	.								

낱말 뜻 판단하다 : 상황이나 사물을 보고 옳고 그름을 결정하다.

찾아보기 좌정관천의 뜻과 어울리는 문장을 찾아보세요.

1 경기에서 반칙을 하지 않고 규칙을 지키며 당당하게 시합해야 해요. ( )

2 아빠가 삼촌이 공부는 잘했지만 세상 돌아가는 일을 잘 모른다고 말했어요. ( )

 비슷한 뜻의 속담
우물 안 개구리. 세상에 대한 지식이 부족하다는 뜻이에요.

190 좌충우돌

左	衝	右	突
왼좌	찌를충	오른우	부딪칠돌

 한자 뜻 왼쪽으로 부딪치고 오른쪽으로 부딪치다.

 뜻풀이 아무 생각 없이 이리저리 부딪치며 행동한다.

 ## 배경에 담긴 지혜

'좌충우돌'은 왼쪽으로 찌르다가 갑자기 오른쪽을 찌른다는 뜻으로 이리저리 닥치는 대로 부딪친다는 의미로 사용돼요. 옛날 전쟁에서 병사들이 혼란 속에서 이리저리 부딪치며 싸우던 모습에서 유래했어요. 이 말은 계획 없이 함부로 움직이면 일이 잘 안된다는 뜻으로 무엇을 할 때는 신중하게 계획을 세우는 것이 중요하다는 교훈을 줘요.

 ## 따라쓰기 좌충우돌의 뜻풀이를 따라 써보세요.

아	무		생	각		없	이		이	리	저	리		부
딪	치	며		행	동	한	다	.						

찾아보기 좌충우돌의 뜻과 어울리는 문장을 찾아보세요.

1 혜지는 이것저것 처리하려고 여기저기 돌아다니느라 정신이 없어 보였어요. (　　　)

2 현수는 책에 있는 내용만 믿고 다른 자료들은 제대로 살펴보지도 않았어요. (　　　)

 비슷한 뜻의 관용어
갈팡질팡하다.

어떤 일을 결정하지 못하고 이리저리 헤매는 상태를 나타내는 말이에요.

191 # 주경야독

晝	耕	夜	讀
낮 주	밭 갈 경	밤 야	읽을 독

 한자 뜻 낮에는 밭을 갈고 밤에는 책을 읽는다.

 뜻풀이 어렵고 힘든 상황에서도 꾸준히 공부하다.

 배경에 담긴 지혜

고려시대 때 '최광'이라는 사람이 있었어요. 그는 낮에는 농사를 짓고 밤에는 공부하며 부모를 돌봤어요. 그러한 노력으로 훌륭한 학자가 되었어요. 이 이야기가 '주경야독'의 유래예요. '주경야독'은 바쁜 상황에서도 꾸준히 노력하는 것의 중요함을 알려 줘요.

따라쓰기 주경야독의 뜻풀이를 따라 써보세요.

어	렵	고		힘	든		상	황	에	서	도		꾸	준
히		공	부	하	다	.								

낱말 뜻 꾸준하다 : 변함없이 부지런하며 끈기가 있다.

찾아보기 주경야독의 뜻과 어울리는 문장을 찾아보세요.

1 형은 아르바이트를 하루에 여러 개 하느라 매우 바빠 보였어요. (   )

2 언니는 아르바이트를 많이 하면서도 밤에는 항상 열심히 공부했어요. (   )

 비슷한 뜻의 사자성어

형설지공(螢雪之功) 반딧불과 눈으로 공부를 한다는 뜻으로 힘들어도 공부를 포기하지 않는 것을 말해요.

192

주마간산

走	馬	看	山
달릴 주	말 마	볼 간	산 산

 한자 뜻 말을 타고 달리면서 산을 본다.

 뜻풀이 어떤 일을 자세히 살피지 않고 대충 하는 것.

 배경에 담긴 지혜

'주마간산'은 당나라 시인 '맹교'의 시에 나온 말이에요. 원래는 말을 타고 빠르게 달리면서 꽃을 본다는 뜻으로 좋은 것을 빨리 보았다는 의미였어요. 하지만 시간이 지나면서 너무 바빠서 대충 보고 지나간다는 뜻으로 변했어요. 즉, 어떤 일을 제대로 살피지 않고 급하게 처리하는 것을 뜻해요.

 따라쓰기 주마간산의 뜻풀이를 따라 써보세요.

어	떤		일	을		자	세	히		살	피	지		않
고		대	충		하	는		것	.					

낱말 뜻 살피다 : 주의 깊게 보고 알아보다.

 찾아보기 주마간산의 뜻과 어울리는 문장을 찾아보세요.

1 연지는 책을 대충 읽어서 자세한 내용까지는 기억하지 못했어요. ( )

2 미혜는 낮에 아무리 바쁘고 힘들어도 밤이 되면 꼭 책을 읽고 자요. ( )

 비슷한 뜻의 속담
수박 겉 핥기. 수박의 바깥만 핥는다는 뜻으로 자세히 보지 않고 겉만 대충 훑어보는 걸 비유해요.

193 진수성찬

 한자 뜻 귀하고 풍성한 음식.

 뜻풀이 귀하고 맛있는 음식이 가득 차려진 것.

珍	羞	盛	饌
귀할 진	음식 수	많을 성	반찬 찬

 ## 배경에 담긴 지혜

'진수성찬'은 맛있고 귀한 음식이 많이 차려진 것을 뜻해요. 이 말은 특별한 날이나 손님을 위해 맛있는 음식을 가득 준비한 상황을 표현할 때 사용해요. 다른 사람을 위해 최선을 다해 준비하는 마음을 나타내는 말이에요.

 따라쓰기 진수성찬의 뜻풀이를 따라 써보세요.

귀	하	고		맛	있	는		음	식	이		가	득	
차	려	진		것	.									

낱말 뜻 귀하다 : 매우 소중하고 중요하다.

찾아보기 진수성찬의 뜻과 어울리는 문장을 찾아보세요.

1 아빠는 음식 재료들을 대충 살펴만 보고는 요리를 하기 시작했어요. ( )

2 엄마가 친구들을 위해 맛있는 음식을 가득 차려주셨어요. ( )

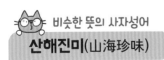 비슷한 뜻의 사자성어
산해진미(山海珍味) 산과 바다의 귀한 음식이라는 뜻으로 매우 귀하고 맛있는 음식을 비유해요.

194 진퇴양난

進	退	兩	難
나아갈 진	물러날 퇴	둘 량	어려울 난

 한자 뜻 나아가는 것도 물러나는 것도 어려움.

 뜻풀이 나아갈 수도 물러설 수도 없는 곤란한 상황.

 배경에 담긴 지혜

'진퇴양난'은 주로 옛날 중국의 전쟁 상황에서 많이 사용되었어요. 예를 들어 전쟁 중에 장군이 앞으로 나아가자니 적의 함정이 있고 뒤로 물러서자니 우리 편의 사기가 떨어질 상황에 처했을 때 이 표현을 썼어요. 이처럼 나아가기도 물러서기도 어려운 상황에서 신중한 결정을 내려야 한다는 교훈을 주는 말입니다.

아이고~ 꽉막혔네.

따라쓰기 진퇴양난의 뜻풀이를 따라 써보세요.

나	아	갈		수	도		물	러	설		수	도		없
는		곤	란	한		상	황	.						

낱말 뜻 곤란하다 : 어렵고 힘들다.

찾아보기 진퇴양난의 뜻과 어울리는 문장을 찾아보세요.

1 할머니께서 맛있는 음식들을 상다리가 부러지도록 만들어 주셨어요. ( )

2 집에 가야 하는데 친구들이 계속 더 놀자고 해서 어쩔 줄 몰랐어요. ( )

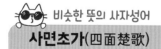 비슷한 뜻의 사자성어
사면초가(四面楚歌) 네 방향에서 초나라 노래가 들린다는 뜻으로 도움을 못 받는 곤란한 상태를 말해요.

231

195 청렴결백

淸	廉	潔	白
맑을 청	청렴할 렴	깨끗할 결	흰 백

한자 뜻 맑고 정직하며 깨끗하다.

뜻풀이 맑고 깨끗한 마음으로 정직하게 행동하는 것.

 배경에 담긴 지혜

옛날 조상들은 정직하고 욕심 없이 검소하게 사는 것을 중요하게 여겼어요. 중국의 옛이야기 중 '양진'이라는 관리가 뇌물을 거절하며 "하늘과 땅, 우리가 다 아는데 어떻게 모른다고 할 수 있겠냐?"라고 말했다고 해요. 이 이야기는 '청렴결백' 즉 부정한 마음 없이 깨끗하고 정직하게 행동하는 태도를 잘 보여준답니다.

따라쓰기 청렴결백의 뜻풀이를 따라 써보세요.

맑	고		깨	끗	한		마	음	으	로		정	직	하
게		행	동	하	는		것	.						

낱말 뜻 깨끗하다 : ① 더럽지 않고 빛깔이 맑다. ② 잘 정돈되어 깔끔하다.

찾아보기 청렴결백의 뜻과 어울리는 문장을 찾아보세요.

1 동현이는 욕심도 없고, 항상 올바르게 행동하는 멋진 친구예요. ( )

2 재욱이는 욕심을 부리다가, 이러지도 저러지도 못할 상황에 놓였어요. ( )

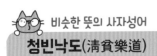 비슷한 뜻의 사자성어

청빈낙도(淸貧樂道) 가난하더라도 욕심 없이 사는 것이 더 즐겁고 좋다는 뜻이에요.

196 초록동색

草	綠	同	色
풀초	푸를록	같을동	빛색

 한자 뜻 풀과 초록색은 같은 색이다.

 뜻풀이 비슷한 사람들끼리 잘 어울린다.

 배경에 담긴 지혜

'초록동색'은 비슷한 사람들끼리 어울린다는 뜻의 '유유상종(類類相從)'과 의미가 같은 사자성어예요. 초색(草色)과 녹색(綠色)을 합하여 초록이라 하듯이 성향이 비슷한 사람들끼리 모이는 모습을 비유하지요.

따라쓰기 초록동색의 뜻풀이를 따라 써보세요.

비	슷	한		사	람	들	끼	리		잘		어	울	린
다	.													

찾아보기 초록동색의 뜻과 어울리는 문장을 찾아보세요.

1 돈을 많이 버는 것보다도 올바른 마음을 가지는 게 더 중요해요.　　　(　)

2 MBTI 유형이 비슷한 친구들끼리 자연스럽게 모여 어울리기 시작했어요.　(　)

 비슷한 뜻의 사자성어

유유상종(類類相從) 같은 무리끼리 서로 사귄다는 뜻으로 비슷한 사람들끼리 서로 어울리는 것을 말해요.

197

팔방미인

八	方	美	人
여덟 팔	방향 방	아름다울 미	사람 인

 한자 뜻 ┃ 여덟 방향에서 아름다운 사람.

 뜻풀이 ┃ 여러 방면에서 능력이나 재능이 뛰어난 사람.

 배경에 담긴 지혜

'팔방미인'은 옛날부터 많이 쓰였으며 다양한 의미를 가진 사자성어예요. 한자 뜻 그대로 매우 아름다운 사람을 가리키기도 하고, 여러 방면에서 재주나 기술이 뛰어난 사람을 가리키기도 하지요. 오늘날에도 이러한 사람들을 비유할 때 이 말을 써요.

 따라쓰기 ┃ 팔방미인의 뜻풀이를 따라 써보세요.

여	러		방	면	에	서		능	력	이	나		재	능
이		뛰	어	난		사	람	.						

띄어쓰기 ┃ 여러 방면 (O) ┃ 여러방면 (X)

 찾아보기 ┃ 팔방미인의 뜻과 어울리는 문장을 찾아보세요.

1 언니는 얼굴도 예쁜데 화장도 잘 해서 친구들에게 인기가 많아요.　　(　)

2 언니는 화장을 좋아해서 항상 화장을 잘 하는 친구들과 어울려 다녀요.　　(　)

😺 비슷한 뜻의 사자성어
다재다능(多才多能)　　재주와 능력이 많다는 뜻이에요.

198 표리부동

表	裏	不	同
겉 표	속 리	아닐 부	같을 동

 한자 뜻 : 겉과 속이 다르다.

 뜻풀이 : 겉으로 드러나는 모습과 속마음이 다르다.

 배경에 담긴 지혜

'표리부동'은 겉과 속이 다른 사람을 가리키는 말이에요. 예를 들어 겉으로는 친절하게 행동하지만 속으로는 다른 생각을 하는 사람을 말해요. 이 말은 사람을 겉모습만 보고 판단하지 말고 그 사람의 진짜 마음도 잘 살펴야 한다는 교훈을 줍니다.

따라쓰기 표리부동의 뜻풀이를 따라 써보세요.

겉	으	로		드	러	나	는		모	습	과		속	마
음	이		다	르	다	.								

낱말 뜻 겉 : 물건의 바깥 부분. | 속 : 물건의 안쪽 부분.

찾아보기 표리부동의 뜻과 어울리는 문장을 찾아보세요.

1 미진이는 무엇이든 잘 해서 약점이 전혀 없는 친구 같았어요. (   )

2 혜진이는 친구의 약점을 찾으려고 일부러 친하게 지내는 척했어요. (   )

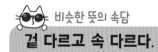 비슷한 뜻의 속담
겉 다르고 속 다르다. 겉으로 드러나는 말이나 행동과 속마음이 다르다는 뜻이에요.

허심탄회

虛	心	坦	懷
빌 허	마음 심	평탄할 탄	품을 회

 한자 뜻 마음을 비우고 편하게 드러내다.

 뜻풀이 마음을 열고 숨김없이 솔직하게 대화하다.

 배경에 담긴 지혜

사람들은 고민이 있을 때 가까운 사람에게 이야기하거나 자연을 보면서 고민을 잊고 마음을 편하게 가지려고 노력해요. '허심탄회'는 고민이나 생각을 숨기지 않고 솔직하게 이야기하는 상황에 쓰이는 말이에요. 서로 마음을 열고 솔직하게 대화하면 가족이나 친구와의 관계가 좋아지고 사회에서도 좋은 관계를 만들 수 있어요.

따라쓰기 허심탄회의 뜻풀이를 따라 써보세요.

마	음	을		열	고		숨	김	없	이		솔	직	하
게		대	화	하	다	.								

낱말 뜻 솔직하다 : 거짓이나 숨기는 것이 없고 바르다.

찾아보기 허심탄회의 뜻과 어울리는 문장을 찾아보세요.

1. 연정이는 자신의 고민을 친구들에게 솔직하게 이야기했어요. (   )

2. 민서는 친구의 고민을 듣고 위로하는 척하면서 속으로는 딴생각을 했어요. (   )

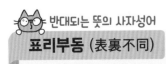 반대되는 뜻의 사자성어

표리부동 (表裏不同) 겉과 속이 다르다는 뜻으로 겉모습과 내면이 일치하지 않는 상태를 의미해요.

200 후안무치

厚	顔	無	恥
두터울 후	낯 안	없을 무	부끄러울 치

 한자 뜻 얼굴이 두껍고 부끄러움이 없다.

 뜻풀이 매우 뻔뻔스럽고 부끄러움을 모르다.

 배경에 담긴 지혜

'후안무치'는 부끄러움을 모르는 뻔뻔한 태도를 뜻해요. 잘못해도 부끄러워하지 않고 계속해서 뻔뻔하게 행동하는 것을 말하지요. 이 사자성어는 실수나 잘못했을 때 부끄러움을 느끼고 반성하는 것이 중요함을 알려줘요.

따라쓰기 후안무치의 뜻풀이를 따라 써보세요.

매	우		뻔	뻔	스	럽	고		부	끄	러	움	을	
모	르	다	.											

낱말 뜻 뻔뻔하다 : 부끄러운 짓을 하고도 창피한 줄 모르다.

찾아보기 후안무치의 뜻과 어울리는 문장을 찾아보세요.

1 정윤이는 자신의 잘못에 대해 전혀 반성하지 않는 태도를 보였어요.   (   )

2 범인은 왜 자신이 범죄를 저질렀는지에 대해 솔직하게 말하기 시작했어요. (   )

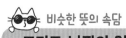 비슷한 뜻의 속담
모기도 낯짝이 있지.   작은 모기조차도 얼굴이 있다는 뜻으로 뻔뻔한 사람의 모습을 비유해요.

사자성어 실전 테스트

1 사자성어의 뜻을 찾아 선으로 이어 보세요.

의기양양 ●	● 바르고 당당하다.
점입가경 ●	● 점점 아름다운 경치에 들어간다.
정정당당 ●	● 마음을 비우고 편하게 드러내다.
주경야독 ●	● 뜻과 기운이 높이 올라간다.
허심탄회 ●	● 낮에는 밭을 갈고 밤에는 책을 읽는다.

2 뜻풀이를 보고, 해당하는 사자성어를 글자판에서 찾아 보세요.

뜻풀이

1. 당당하고 자신감 넘치는 모습.
2. 뜨거운 것을 뜨거운 것으로 이겨낸다.
3. 아무 생각 없이 이리저리 부딪치며 행동한다.
4. 어떤 일이 막힘없이 빠르게 진행되다.
5. 비슷한 사람들끼리 잘 어울리다.

후	곡	위	풍	당	당
좌	충	우	돌	초	독
이	관	양	양	록	일
열	정	난	백	동	사
치	가	인	찬	색	천
열	독	마	독	부	리

 사자성어는 가로, 세로 형태로 숨어 있어요.

3 아래 사자성어, 단어 또는 속담의 의미와 관련이 있는 사자성어를 보기에서 골라 보세요.

보기 우후죽순 좌정관천 주마간산 청렴결백 팔방미인 후안무치

1 수박 겉 핥기.   (   )

2 우물 안 개구리.   (   )

3 모기도 낯짝이 있지.   (   )

4 난립(亂立) : 여러 가지가 질서 없이 한꺼번에 생기거나 나타나는 것.   (   )

5 다재다능(多才多能) : 재주와 능력이 많다.   (   )

6 청빈낙도(淸貧樂道) : 가난하더라도 욕심 없이 사는 것이 더 즐겁고 좋다. (   )

4 문제를 보고 어울리는 사자성어를 골라 보세요.

1 올해는 예상하지 못한 어려움과 복잡한 일들이 많았어요.
우여곡절 (   )
진수성찬 (   )

2 집에 손님이 와서 여러 가지 맛있는 음식을 가득 차려놓았어요.
진수성찬 (   )
진퇴양난 (   )

3 시험 중에 갑자기 배가 아파 나갈 수도, 계속할 수도 없는 상황이 었어요.
진퇴양난 (   )
표리부동 (   )

4 그 사람은 겉으로는 친절해 보여도 속으로는 다른 생각을 하고 있었어요.
우여곡절 (   )
표리부동 (   )

찾아보기 정답지

찾아보기 정답지

34쪽

개과천선 → 잘못을 고쳐서 착하게 바뀌다.
괄목상대 → 눈을 비비고 상대를 대하다.
권선징악 → 착한 일은 권하고 나쁜 일은 벌을 주다.
동고동락 → 괴로움도 즐거움도 함께 한다.
동상이몽 → 같은 침대에서 다른 꿈을 꾸다.

2

천	동	병	상	련	생
려	경	풍	선	징	래
군	거	결	초	보	은
계	망	다	몽	검	불
일	동	답	초	이	사
학	선	대	기	만	성

3

1 소 귀에 경 읽기.　　　　　　　　　　　　　　　(마이동풍)
2 고생 끝에 낙이 온다.　　　　　　　　　　　　　(고진감래)
3 자다가 봉창 두드린다.　　　　　　　　　　　　(동문서답)
4 사리사욕(私利私慾) : 개인 또는 자신만을 위한 이익과 욕심.　(견물생심)
5 초심고려(焦心苦慮) : 마음을 태우며 괴로워하고 걱정한다는 뜻이에요.　(노심초사)
6 교언영색(巧言令色) : 진실한 마음이 없이 겉모습이나 좋은 말로 다른 사람을 속이는 행동.　(감언이설)

4

1 선생님이 오늘 생일이라고? 그건 처음 듣는 소식이야.　금시초문 (○)　다다익선 ( )
2 책은 많으면 많을수록 더 좋다고 생각해요.　과유불급 ( )　다다익선 (○)
3 새로운 지도가 나왔는데도, 그는 옛날 지도를 보면서 길을 찾으려고 했어요.　각주구검 (○)　금시초문 ( )
4 음식을 너무 많이 만들어 남기는 것보다, 적당히 만들어 다 먹는 게 더 나아요.　각주구검 ( )　과유불급 (○)

56쪽

1

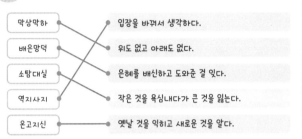

막상막하 → 위도 없고 아래도 없다.
배은망덕 → 은혜를 배신하고 도와준 걸 잊다.
소탐대실 → 작은 것을 욕심내다가 큰 것을 잃는다.
역지사지 → 입장을 바꿔서 생각하다.
온고지신 → 옛날 것을 익히고 새로운 것을 알다.

2

안	하	무	인	살	우
중	용	두	사	미	이
무	선	상	어	온	독
탐	견	새	부	전	경
인	지	초	지	배	숙
귀	명	환	리	역	막

3

1 갈수록 태산.　　　　　　　　　　　　　　　(설상가상)
2 돌다리도 두들겨 보고 건너라.　　　　　　　　(심사숙고)
3 첩첩산중(疊疊山中) : 여러 겹으로 겹쳐 있는 산속.　(오리무중)
4 콩 심은 데 콩 나고 팥 심은 데 팥 난다.　　　(사필귀정)
5 전화위복(轉禍爲福) : 재앙이 바뀌어 복이 되다.　(새옹지마)
6 진퇴양난(進退兩難) : 나아가는 것도 물러나는 것도 어려움.　(사면초가)

4

1 버스를 타기 전에 미리 멀미약을 먹었더니, 걱정 없이 여행할 수 있었어요.　무용지물 ( )　유비무환 (○)
2 비싸게 산 물건이 한 번 떨어뜨리자 쓸모없어졌어요.　무용지물 (○)　살신성인 ( )
3 희철이는 자신이 더러워지는 것을 신경 쓰지 않고 열심히 쓰레기를 치웠어요.　살신성인 (○)　아전인수 ( )
4 용식이는 모두가 나눠 먹을 음식을 자기만 더 많이 가져갔어요.　아전인수 (○)　유비무환 ( )

78쪽

1

유유상종 — 같은 무리끼리 서로 따른다.
인과응보 — 어떤 일을 하면 그에 맞는 결과가 생긴다.
전화위복 — 재앙이 바뀌어 복이 되다.
주객전도 — 주인과 손님이 뒤바뀌다.
화룡점정 — 용의 그림에 눈동자를 찍다.

2

일	석	이	조	청	화
복	작	등	응	출	설
양	심	고	타	어	토
죽	삼	점	유	람	사
전	일	공	모	객	구
임	기	응	변	관	팽

3

1 꿩 먹고 알 먹기. (일거양득)
2 눈 가리고 아웅한다. (조삼모사)
3 방귀 뀐 놈이 성낸다. (적반하장)
4 반면교사(反面敎師) : 반대되는 모습에서 교훈을 주는 스승. (타산지석)
5 심심상인(心心相印) : 마음과 마음이 서로 통하여 도장을 찍다. (이심전심)
6 주경야독(晝耕夜讀) : 낮에는 밭을 갈고 밤에는 책을 읽는다. (형설지공)

4

1 소정이와 은지는 어린 시절부터 함께 놀며 지금까지도 친하게 지내는 친구예요.   죽마고우 (○) 초지일관 ( )
2 팀의 점수가 가장 낮아 한 문제만 더 틀리면 탈락할 위기에 처했어요.   파죽지세 ( ) 풍전등화 (○)
3 처음 마음먹은 대로 매주 한 권씩 책을 읽고 있다니, 참 꾸준하네요.   초지일관 (○) 풍전등화 ( )
4 2반은 모든 종목에서 거침없이 승리하며 종합 우승을 차지했어요.   죽마고우 ( ) 파죽지세 (○)

102쪽

1

각골난망 — 백 번 쏴서 백 번 맞힌다.
금상청화 — 비단 위에 꽃을 더하다.
난공불락 — 뼈에 새겨져 잊기 어렵다.
문전성시 — 문 앞이 시장을 이루다.
백발백중 — 공격하기가 어렵고 무너지지 않는다.

2

견	반	신	반	의	중
원	박	생	각	효	명
지	백	견	실	의	실
간	전	성	발	다	상
론	백	해	부	첨	부
락	승	난	형	난	제

3

1 하룻강아지 범 무서운 줄 모른다. (당랑거철)
2 포복절도(抱腹絕倒) : 배를 안고 넘어진다. (박장대소)
3 의기양양(意氣揚揚) : 뜻과 기운이 높이 올라간다. (기고만장)
4 기사회생(起死回生) : 죽음에서 일어나 다시 살아난다. (구사일생)
5 팔방미인(八方美人) : 여덟 방향에서 아름다운 사람. (다재다능)
6 자업자득(自業自得) : 자신이 한 일의 결과를 스스로 얻는다. (결자해지)

4

1 그 해결책을 두고 양쪽 편이 서로 자기 의견을 말하며 열심히 토론했어요.   갑론을박 (○) 박학다식 ( )
2 예진이는 어릴 때부터 다양한 책을 읽어서 모르는 것이 없을 정도로 아는 게 많아요.   낭중지추 ( ) 박학다식 (○)
3 철수는 부모님의 사랑에 보답하려고 용돈을 모아 선물을 드렸어요.   갑론을박 ( ) 반포지효 (○)
4 효주는 조용히 있었지만, 발표를 시작하자마자 숨겨진 실력이 드러났어요.   낭중지추 (○) 반포지효 ( )

찾아보기 정답지

124쪽

1

비몽사몽	시작부터 끝까지 하나로 통하다.
수수방관	꿈이 아니지만 꿈과 비슷하다.
시종일관	겉으로는 부드럽지만 속은 강하다.
오매불망	손을 소매에 넣고 곁에서 보다.
외유내강	잘 때도 깨어 있을 때도 잊지 못하다.

2

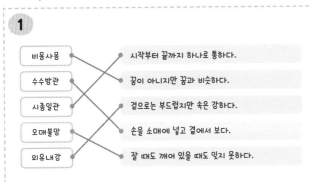

내	십	시	기	상	조
우	종	각	책	양	중
공	팔	시	설	두	몽
이	구	방	일	구	뇌
산	욕	쇄	관	육	강
불	삼	고	초	려	상

3

1 금이야 옥이야.   (애지중지)

2 티끌 모아 태산.   (십시일반)

3 친구 따라 강남 간다.   (부화뇌동)

4 필사즉생(必死則生) : 반드시 죽겠다고 각오하면 살아남는다.   (분골쇄신)

5 아전인수(我田引水) : 자기 논에 물을 끌어들인다.   (사리사욕)

6 견강부회(牽强附會) : 억지로 끌어 붙여서 이야기를 맞춘다.   (어불성설)

4

1 선생님은 학생들 사이에서 벌어진 일의 옳고 그름을 가려주셨어요.   속수무책 ( )   시시비비 (○)

2 갑작스러운 사고에 모두 어찌할 바를 몰라 손을 놓고 있었어요.   속수무책 (○)   와신상담 ( )

3 지난번 결승전 패배를 잊지 않기 위해 매일 고된 훈련을 견디며 다시 준비했어요.   사상누각 ( )   와신상담 (○)

4 겉모습은 멋진 이 아파트가 기초 공사가 부실해 결국 문제가 드러났어요.   사상누각 (○)   시시비비 ( )

146쪽

1

일취월장	매우 무서워하고 조심하다.
자업자득	자신이 한 일의 결과를 스스로 얻는다.
전전긍긍	기쁨과 화남, 슬픔과 즐거움.
풍비박산	바람이 불어 우박이 흩어진다.
희로애락	날마다 나아가고 달마다 발전한다.

2

칠	전	팔	기	입	인
철	단	락	천	산	지
학	우	양	고	포	상
자	왕	탐	마	봉	정
피	좌	금	비	함	장
언	왕	환	골	탈	태

3

1 입이 열 개라도 할 말이 없다.   (유구무언)

2 말 한마디에 천 냥 빚도 갚는다.   (촌철살인)

3 무소식이 희소식이다.   (함흥차사)

4 일일여삼추(一日如三秋) : 하루가 삼 년처럼 느껴진다.   (학수고대)

5 금의환향(錦衣還鄉) : 비단옷을 입고 고향으로 돌아오다.   (입신양명)

6 과대황장(過大皇張) : 사실보다 지나치게 과장해서 말하다.   (침소봉대)

4

1 고양이가 간식을 차지하려고 눈을 반짝이며 기회를 노리고 있어요.   지피지기 ( )   호시탐탐 (○)

2 상대를 이기기 위해서는 상대의 약점과 내 강점을 모두 알아야 해요.   자포자기 ( )   지피지기 (○)

3 우현이는 여러 가지로 생각하느라 결정을 내리지 못했어요.   우유부단 (○)   호시탐탐 ( )

4 그 선수는 경기가 잘 안 풀리자 모든 것을 포기한 듯이 자리에 주저앉았어요.   우유부단 ( )   자포자기 (○)

1

강탄고토 ● ── ● 달면 삼키고 쓰면 뱉는다.

교각살우 ● ── ● 먹을 가까이 하면 점점 검게 변한다.

근묵자흑 ● ── ● 복숭아 동산에서 의형제를 맺는다.

다사다난 ● ── ● 일도 많고 어려움이 많다.

도원결의 ● ── ● 뿔을 바로잡으려다가 소를 죽이다.

2

의	명	맹	모	삼	천
신	불	탄	각	산	영
사	허	회	양	거	난
생	전	포	각	골	출
결	묵	마	색	침	우
단	대	의	명	분	감

3

1 십 년이면 강산도 변한다. (격세지감)

2 천 리 길도 한 걸음부터. (마부작침)

3 금란지교(金蘭之交) : 금과 난초처럼 매우 귀중하고 아름다운 우정. (관포지교)

4 바늘구멍으로 하늘 보기. (구우일모)

5 표리부동(表裏不同) : 겉과 속이 다르다.. (교언영색)

6 구사일생(九死一生) : 아홉 번 죽을 뻔하다 한 번 살아난다. (기사회생)

4

1 당신의 큰 은혜는 죽어서도 결코 잊지 않겠습니다.
거두절미 ( )
백골난망 (○)

2 저는 친구 사이에는 언제나 진실하고 신뢰해야 한다고 믿어요.
교우이신 (○)
두문불출 ( )

3 언니는 며칠째 방에 틀어박혀서 집 밖으로 한 발짝도 나가지 않았어요.
두문불출 (○)
백골난망 ( )

4 불필요한 부분은 빼고, 핵심만 간단히 말씀해 주세요.
거두절미 (○)
교우이신 ( )

1

산전수전 ● ── ● 서로 도와주고 힘을 합친다.

상부상조 ● ── ● 사실대로 바르게 알리다.

이실직고 ● ── ● 산에서의 싸움과 물에서의 싸움.

자화자찬 ● ── ● 맑은 하늘에 치는 벼락.

청천벽력 ● ── ● 스스로 그린 그림을 스스로 칭찬하다.

2

직	인	직	유	상	심
횡	임	동	언	귀	가
호	전	자	비	춘	구
연	무	오	어	력	비
지	퇴	자	격	지	심
기	심	기	일	전	연

3

1 풀 끝의 이슬. (일장춘몽)

2 사또 덕분에 나팔 분다. (호가호위)

3 교주고슬(膠柱鼓瑟) : 접착제(아교)로 기둥을 고정해 거문고를 연주한다. (연목구어)

4 백년해로(百年偕老) : 부부가 오래도록 함께 늙어간다. (천생연분)

5 여출일구(如出一口) : 한 입에서 나오는 것과 같다. (이구동성)

6 일구이언(一口二言) : 하나의 입으로 두 말을 한다. (횡설수설)

4

1 행사장에 사람들이 끝없이 모여 발 디딜 틈도 없었어요.
인산인해 (○)
오비이락 ( )

2 내가 그곳에 가자마자 문제가 생겨서 나 때문에 그런 줄 알더라고요.
신출귀몰 ( )
오비이락 (○)

3 민수는 반 친구들이 뭐라고 해도 좋아하는 예린이만을 계속 좋아했어요.
인산인해 ( )
일편단심 (○)

4 철수는 술래잡기에서 갑자기 나타났다 사라져서 친구들이 놀랐어요.
신출귀몰 (○)
일편단심 ( )

216쪽

1

강개무량	한두 번이 아니다.
발본색원	말 속에 뼈가 있다.
비일비재	흔들어도 움직이지 않는다.
언중유골	뿌리를 뽑고 원인을 막는다.
요지부동	헤아릴 수 없을 만큼 깊은 감정을 느낀다.

2

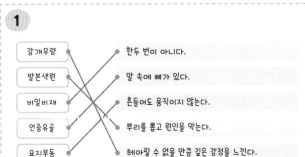

불	동	비	무	육	통
철	수	주	대	토	아
주	발	범	이	속	비
야	비	야	토	전	규
골	산	벽	한	속	환
감	지	덕	지	결	소

3

1 입이 광주리만 하다. (노발대발)

2 윗물이 맑아야 아랫물이 맑다. (솔선수범)

3 둘이 먹다가 하나 죽어도 모르겠다. (산해진미)

4 풍찬노숙(風餐露宿) : 바람과 이슬을 맞으며 먹고 잔다. (엄동설한)

5 피차일반(彼此一般) : 이것과 저것 모두 한 가지. (대동소이)

6 순풍에 돛을 단 듯. (만사형통)

4

1 오랜만에 학교에 오니, 운동장과 교실이 모두 새로 바뀌어 있었어요.
동분서주 ( )
상전벽해 (○)

2 선생님은 운동회를 준비하느라 학교 곳곳을 바쁘게 뛰어다니셨어요.
동분서주 (○)
오합지졸 ( )

3 우리 팀 선수들은 각자 제멋대로 움직여서 협력도 안 되고 질서가 없었어요.
약육강식 ( )
오합지졸 (○)

4 힘센 동물이 약한 동물을 잡아먹듯, 세상에서도 강한 사람이 약한 사람을 괴롭히곤 해요.
상전벽해 ( )
약육강식 (○)

238쪽

1

의기양양	바르고 당당하다.
점입가경	점점 아름다운 경치에 들어간다.
정정당당	마음을 비우고 편하게 드러낸다.
주경야독	뜻과 기운이 높이 올라간다.
허심탄회	낮에는 밭을 갈고 밤에는 책을 읽는다.

2

후	곡	위	풍	당	당
좌	충	우	돌	초	독
이	관	양	양	록	일
열	정	난	백	동	사
치	가	인	찬	색	천
열	독	마	독	부	리

3

1 수박 겉 핥기. (주마간산)

2 우물 안 개구리. (좌정관천)

3 모기도 낯짝이 있지. (후안무치)

4 난립(亂立) : 여러 가지가 질서 없이 한꺼번에 생기거나 나타나는 것. (우후죽순)

5 다재다능(多才多能) : 재주와 능력이 많다. (팔방미인)

6 청빈낙도(淸貧樂道) : 가난하더라도 욕심 없이 사는 것이 더 즐겁고 좋다. (청렴결백)

4

1 올해는 예상하지 못한 어려움과 복잡한 일들이 많았어요.
우여곡절 (○)
진수성찬 ( )

2 집에 손님이 와서 여러 가지 맛있는 음식을 가득 차려놓았어요.
진수성찬 (○)
진퇴양난 ( )

3 시험 중에 갑자기 배가 아파 나갈 수도, 계속할 수도 없는 상황이었어요.
진퇴양난 (○)
표리부동 ( )

4 그 사람은 겉으로는 친절해 보여도 속으로는 다른 생각을 하고 있었어요.
우여곡절 ( )
표리부동 (○)

찾아보기(INDEX)

찾아보기(INDEX)